Schriftenreihe zum deutschen und internationalen Wirtschaftsrecht

Herausgegeben von der Sozietät Gleiss Lutz

Band 21

Gleiss Lutz

Festgabe für Bodo Riegger zum 65. Geburtstag

Nomos

Die Deutsche Nationalbibliothek verzeichnet diese Publikation in der Deutschen Nationalbibliografie; detaillierte bibliografische Daten sind im Internet über http://www.d-nb.de abrufbar.

ISBN 978-3-8329-4093-5

1. Auflage 2008

Bodo Riegger zum 65. Geburtstag
28. September 2008

Gleiss Lutz

Symposion anlässlich des 65. Geburtstags von Dr. Bodo Riegger

im Büro von Gleiss Lutz, Maybachstraße 6, Stuttgart

30. September 2008

Inhaltsverzeichnis

Laudatio für Bodo Riegger

Dr. Detlef Schmidt, Gleiss Lutz

Sehr geehrte Damen und Herren,
sehr geehrte Gäste der Sozietät,
liebe Partnerinnen und Partner,
liebe Kolleginnen und Kollegen
und vor allem
liebe Frau Gruss,
lieber Herr Riegger,

vor zwei Tagen haben Sie, lieber Herr Riegger, nicht nur Ihren 65. Geburtstag feiern können, zu dem ich Ihnen, und dies sicherlich auch im Namen aller Anwesenden, herzlich gratuliere. Glücklicherweise bedeutet dieser Geburtstag bei Ihnen nicht, wie so oft, dass Sie sich in den Ruhestand verabschieden. Sie stehen uns, d. h. Ihren Mandanten und der Sozietät, vielmehr weiter als Of Counsel zur Verfügung. Mit diesem Symposion zu Ihren Ehren sind auch zwei andere wichtige Jubiläumsdaten verbunden: In 15 Tagen jährt es sich zum 33. Mal, dass Sie Ihre Tätigkeit als Rechtsanwalt in unserer Sozietät aufgenommen haben. Mit anderen Worten: 33 Jahre sind Sie hier schon im Geschirr. Und das Jahr 2008 ist zudem das Jahr, in dem Sie 30 Jahre Partner von Gleiss Lutz Hootz Hirsch sind. Diese Daten zeigen schon, dass Sie, lieber Herr Riegger, zu den personellen Konstanten unserer Sozietät gehören.

Allerdings ist Ihre Tätigkeit mit dem Wortstamm „constans" eher falsch beschrieben. Mit Ihnen verbunden und maßgeblich von Ihnen mit gestaltet ist vielmehr eine Veränderung der Sozietät, die von der Anfangszeit aus betrachtet kaum vorstellbar und geradezu atemberaubend war. Zu Beginn meiner Laudatio, die zu halten mir eine große Ehre und Freude ist, möchte ich deshalb gegenüber stellen, wie sich die Sozietät als Folge Ihres Eintritts verändert hat. Dabei nehme ich zum Ausgangspunkt, was wir alle kennen, die Gegenwart.

Die Sozietät Gleiss Lutz verdankt heute ihre Reputation nicht nur dem Kartellrecht als dem Rechtsgebiet, für das sie gegründet wurde, sondern neben vielen anderen Disziplinen vor allen Dingen dem Gesellschaftsrecht, also Ihrem Rechtsgebiet, lieber Herr Riegger. Die Gesellschaftsrechtler der Sozietät sind mit weitem Abstand die größte Gruppe, sie stellen über ein Drittel aller Partner und tragen überdurchschnittlich zum Umsatz bei. Und diese Größe unseres Gesellschaftsrechts ist natürlich kein Selbstzweck, sondern der Notwendigkeit geschuldet, dass große Mandate nur noch durch leistungsfähige Teams von gesellschaftsrechtlichen Partnern und angestellten Rechtsanwälten bewältigt werden können.

Völlig anders war die Situation am 15. Oktober 1975, als Sie bei der Sozietät anfingen. Natürlich war Gleiss Lutz schon damals eine gute Sozietät mit fachlich anerkannten Partnern. Nur, ein ausgewiesener Gesellschaftsrechtler fand sich nicht unter ihnen. Von den damals 14 Partnern waren 10 Kartellrechtler, die zwar verwandte Gebiete wie das Recht des unlauteren Wettbewerbs mitbetreuten, in anderen Rechtsgebieten aber nur ohne wirkliche Spezialisierung tätig waren. Die vier weiteren Partner teilten sich paritätisch in Steuer- und Öffentlich-Rechtler auf. In der heutigen Sprache war Gleiss Lutz also eine große Kartellrechtsboutique mit zwei weiteren Spezialgebieten.

Mithin, von dem heute so bedeutenden Gesellschaftsrecht war damals nicht nur keine Rede, es war schlichtweg nicht vorstellbar. Klein begonnen hat dieses Gesellschaftsrecht vielmehr, indem Sie quasi in einer Stand-alone-Position gesellschaftsrechtliche Mandate bearbeitet und die sonst zum Aufbau eines gesellschaftsrechtlichen Referats notwendigen Arbeiten begonnen haben. Sie erhielten natürlich Unterstützung von Ihren Partnern, vor allem durch die Übertragung gesellschaftsrechtlicher Mandate und Empfehlungen bei Mandanten. Aber das alleine reichte nicht. Sie haben dazu berichtet, dass es wie häufig Martin Hirsch, unser zu früh verstorbener namensgebender Partner, war, der die große unternehmerische Chance erkannte, die in Ihrer Einstellung als Gesellschaftsrechtler lag. Deshalb erteilte er Ihnen den Auftrag, das Gesellschaftsrecht in der Sozietät Gleiss Lutz aufzubauen. Sie haben diesen Auftrag angenommen und, wichtiger, Sie haben ihn mehr als erfüllt.

Für das Verständnis Ihrer Leistung ist es wichtig, diesen Ausgangspunkt zu kennen. Die Entscheidung der Sozietät, mit Ihnen gemeinsam das Gesellschaftsrecht aufzubauen, ist mit Sicherheit eine der wichtigsten Weichenstellungen zur Entwicklung der Sozietät gewesen. Sie schuf die Basis dafür, dass die folgenden Gesellschaftsrechtler, Gerhard Wirth und Gerhard Wegen, und die anschließenden Gesellschaftsrechtler der mittleren und jüngeren Generation, sie werden in diesem Symposion durch Hoimar v. Ditfurth und Dirk Wasmann repräsentiert, mit Ihnen zusammen das Gesellschaftsrecht zu dem machen konnten, was es heute ist. Der Beginn des Gesellschaftsrechts belegt zugleich den unternehmerischen Weitblick der damaligen Sozien, die den Mut hatten, in ein neues großes Rechtsgebiet zu expandieren. Und so haben wir heute das Glück, eine Sozietät zu sein, die in den für sie traditionellen Gebieten wie Kartellrecht, Wettbewerbsrecht, öffentliches Recht und Steuerrecht stark geblieben, in neuen Gebieten wie dem Gesellschaftsrecht, und dazu sind später weitere wie das Arbeitsrecht gekommen, stark geworden ist.

Wie ist es nun dazu gekommen, dass Sie zum Beginn des Gesellschaftsrechts der Sozietät geworden sind? Schon Ihr Lebenslauf und erst recht Ihre ersten beruflichen Jahre deuten die Gründe dafür an.

Geboren wurden Sie, lieber Herr Riegger, am 28. September 1943 in Karlsruhe. Aufgewachsen sind Sie aber im Wesentlichen in Bretten, einer kleinen Mittelstadt zwischen Stuttgart und Karlsruhe, die, wie ich als Norddeutscher inzwischen gelernt habe, zum badischen Teil von Baden-Württemberg gehört. Sie sind hineingeboren worden in die Familie eines mittelständischen Unternehmers, Ihr Vater besaß und leitete einen kunststoffverarbeitenden Betrieb, und haben daher quasi von Beginn an in einer Atmosphäre gelebt, die von unternehmerischer Tätigkeit geprägt war. Ich bin mir fast sicher, dass dies auf Ihre berufliche Arbeit als Gesellschaftsrechtsanwalt Einfluss hatte. Während der Gymnasialzeit gingen Sie auf die Schwarzwaldschule in Triberg. Ihr Abiturzeugnis von 1962 lässt schon den zukünftigen begabten Juristen ahnen, mit den dafür typischen Noten Latein „sehr gut", Deutsch „gut", und dies zu einer Zeit, in der so gute Noten noch die Ausnahme waren.

Ihr anschließendes Studium haben Sie breit angelegt. Sie studierten primär in Tübingen, daneben in Köln und Lausanne. Neben natürlich Jura belegten Sie auch drei Semester Betriebswirtschaftslehre, ferner ein Semester an der Wirtschaftsakademie Berlin. Das rechtswissenschaftliche Studium schlossen Sie im Frühjahr 1969 an der Universität Tübingen ab, wobei bedeutender als die Note „gut" die Platzziffer „eins" ist. Anschließend haben Sie sich Ihrer Dissertation und dem Referendariat gewidmet. Die zweite juristische Staatsprüfung bestanden Sie im Frühjahr 1970 in Stuttgart ebenfalls mit der Note „gut". Schon vorher wurden Sie am 9. April 1969 an der Universität Tübingen bei dem damaligen Grandseigneur der deutschen Zivilrechtswissenschaft Prof. Dr. Ludwig Raiser mit einer Arbeit unter dem Titel „Die Rechtsfolgen des Ausscheidens eines Gesellschafters aus einer zweigliedrigen Personalgesellschaft" promoviert, auch hier mit dem guten Prädikat „magna cum laude".

Diese Eckdaten Ihres Lebenslaufes hätten Sie sicherlich dafür qualifiziert, sofort zu uns zu kommen. Sie legten aber, in für Sie typischer Weise wohl begründet, zwei Schleifen ein, wie sich Ihrer Personalakte entnehmen lässt.

Weil Sie damals überlegten, das elterliche Unternehmen zu übernehmen, begannen Sie in den ersten zwei Jahren Ihre Berufstätigkeit in zwei kunststoffverarbeitenden Betrieben in Berlin und Stuttgart, in einer Position, die heute Assistent der Geschäftsleitung genannt würde. Anders als viele Wirtschaftsjuristen haben Sie so den Gegenstand Ihrer Beratung, Unternehmen und die Tätigkeit in Unternehmen, unmittelbar kennengelernt.

Sie haben sich dann aber entschlossen, die unmittelbare unternehmerische Tätigkeit zu verlassen und sich der begleitenden unternehmerischen Tätigkeit des Rechtsanwalts zuzuwenden. Dieser neue Berufsweg begründete einen ersten Kontakt zur Sozietät, nämlich mit Ihrer Bewerbung vom 31. Juli 1971, allerdings noch ohne nachhaltige Wirkung. Sie begannen vielmehr Ihre Laufbahn als Gesellschaftsrechtler bei der kürzlich wiedererstandenen Sozietät Schilling Zutt & Anschütz in Mannheim, und es ist keine Frage, dass diese Sozietät damals mit Prof. Dr. Wolfgang Schilling und vielen weiteren Partnern eine erstklassige Adresse im Gesellschaftsrecht war – und auch heute ist. Diese Zeit nutzten Sie zugleich für eine einjährige Station bei Freshfields in London, eine internationale Erfahrung, die Ihnen später sehr zugute kam.

Als Sie bei Schilling Zutt & Anschütz zur Aufnahme als Partner anstanden, griffen Sie auf eine Erfahrung aus Ihrer beruflichen Anfangszeit zurück, dass man mehr als eine berufliche Station kennen sollte. Sie bewarben sich deshalb erneut bei unserer Sozietät, und zwar mit Brief vom 21. Mai 1975.

Ihre Bewerbung wurde mit großer Sorgfalt gelesen und positiv aufgenommen. Dies drückt sich gerade auch in Kleinigkeiten aus, wenn Alfred Gleiss auf dem Bewerbungsbrief vermerkte, dass Sie eine anständige Handschrift haben. Mit Brief vom 24. Juni 1975 bestätigte er Ihnen demgemäß, dass Sie und die Sozietät sich einig geworden sind. Dieser Brief ist auch sonst schön zu lesen, zeigt er doch die damalige familiäre Atmosphäre der Sozietät und kennzeichnet auch eine Eigenart ihres Gründers. In einem Postskriptum versäumt es Alfred Gleiss nicht, Ihnen in seinem Haus eine wörtlich so bezeichnete „Junggesellenwohnung" anzubieten, verbunden mit dem Hinweis, dass ein früherer Mitarbeiter der Sozietät zusammen mit seiner Frau in demselben Haus eine Wohnung mit zwei Balkonen von 100 m^2 mit vielen Schikanen bewohnt.

Mir ist nicht bekannt, wie die Wohnungsfrage ausgegangen ist, aber sicher ist, dass Sie 1975 zu uns gekommen sind.

Damit ist es nun an der Zeit, auf Ihre Tätigkeit als Rechtsanwalt in der Sozietät einzugehen und zugleich Ihre umfängliche Veröffentlichungspraxis zu berühren.

In der schon dargestellten besonderen Aufbausituation haben Sie das Gesellschaftsrecht von vornherein umfänglich angelegt. Dies bedeutet, dass Sie zu allen gesellschaftlichen Formen beraten haben, zur Personengesellschaft, zur BGB-Gesellschaft wie vor allem zu den Personenhandelsgesellschaften, zur GmbH und Aktiengesellschaft, seien sie nun personalistisch oder kapitalistisch geprägt, und beginnend mit den 90er Jahren sogar in der Zusammenführung öffentlich-rechtlicher und privat-rechtlicher Gesellschaftsformen. Diese Tradition eines umfassenden Gesellschaftsrechts prägt bis heute die Praxis unserer Sozietät, auch wenn naturgemäß das moderne M&A-Element an Bedeutung zugenommen hat.

Daher will ich jetzt versuchen, die verschiedenen Facetten Ihrer beruflichen Tätigkeit gegliedert nach den Gesellschaftsformen näher zu betrachten.

Mit den Jahren zurückgehend, lag ein Schwerpunkt Ihrer Beratungstätigkeit im Recht der Personen- und Personenhandelsgesellschaften. Die Basis dafür gab Ihre Dissertation mit dem schon genannten Titel „Die Rechtsfolgen des Ausscheidens eines Gesellschafters aus einer zweigliedrigen Personalgesellschaft". Schon die Wahl des Themas signalisiert den scharfsinnigen Gesellschaftsrechtler, als den wir Sie über Jahre und Jahrzehnte schätzen gelernt haben. Deshalb ein paar Worte dazu: Hinter dem Titel, präzise hinter dem Adjektiv „zweigliedrig", verbirgt sich ein Paradoxon des Gesellschaftsrechts, es ist in der Einleitung zu Ihrer Dissertation deutlich herausgearbeitet: Im Recht der Kapitalgesellschaft und auch im Recht der Personengesellschaft, so es sich um eine Personengesellschaft mit mehr als zwei Gesellschaftern handelt, bedeutet die Auflösung der Gesellschaft keinesfalls deren Auflösung im Wortsinne, dass nämlich die Gesellschaft ähnlich wie ein chemischer Stoff mit der Auflösung ihre Existenz verloren hat, schlicht verschwunden ist. Tatsächlich wandelt sich die Gesellschaft bekanntlich nur von einer werbenden zu einer Gesellschaft mit dem einzigen Gesellschaftszweck ihrer Auflösung um, das heißt die sogenannte Auflösung der Gesellschaft markiert nur den Beginn des Prozesses der endgültigen Auflösung, und jeder Gesellschaftsrechtler weiß, dass dieser Prozess Jahre dauern kann. Anders sieht es das Gesetz aber für die zweigliedrigen Personengesellschaften vor, bei denen der übrig gebliebene Gesellschafter, wie Sie ihn in Ihrer Dissertation bezeichnet haben, ohne weiteres das gesamte Vermögen der Gesellschaft übernimmt, diese also tatsächlich mit dem Ausscheiden des zweiten Gesellschafters im Wortsinne aufgelöst, nämlich nicht mehr existent ist. Daraus ergibt sich die reizvolle und von Ihnen mit viel Scharfsinn bearbeitete Themenstellung, wie sich die gesetzlichen Regelungen der Personengesellschaft, und zwar sowohl der BGB-Gesellschaft als auch der Personenhandelsgesellschaft, zur Liquidation zu diesem Sonderfall der unmittelbaren Sofortauflösung der Gesellschaft verhalten.

In einem besonders schwierigen gesellschaftsrechtlichen Mandat zu einer Personengesellschaft ist Ihnen Ihre Dissertation dann wieder begegnet, allerdings in einem Zusammenhang, mit dem Sie bei deren Abfassung mit Sicherheit nicht gerechnet haben. Sie hatten damals zu vertreten, und ich durfte Sie dabei unterstützen, einen von zwei Freiberuflern, die zusammengeschlossen in einer BGB-Gesellschaft den typischen Streit zwischen einem früher sehr erfolgreichen, aber aufgrund Alters nicht mehr ganz so eifrigen Gesellschafter, unserem Gegner, und dem aufstrebenden dynamischen jungen Gesellschafter austrugen. Jeder der beiden Gesellschafter war natürlich von der 100%igen Richtigkeit, und zwar einer nicht nur rechtlichen, sondern ethischen Richtigkeit seiner Position überzeugt. Demgemäß ging das Verfahren nicht nur zum BGH, sondern von dort wieder zurück zum Oberlandesgericht. In einer besonders kritischen Phase der immer wieder zwischenzeitlich geführten Vergleichsverhandlungen kamen die gegnerischen Anwälte auf eine an und für sich löbliche Idee, wirklich gute gesellschaftsrechtliche Literatur zu lesen, nämlich Ihre Dissertation, bedauerlicherweise aber zu einem Punkt, in dem Sie in Ihrer Dissertation die Gegenauffassung von dem begründet haben, was in unseren Schriftsätzen stand und was dem Mandanten auch frommte. Aber auch über diese Klippe sind Sie blendend hinweg gekommen, am Ende konnte der Rechtsstreit mit einem gutem Ergebnis verglichen werden.

Sie, lieber Herr Riegger, sind seit vielen Jahren Berater eines großen Mittelständlers im besten Sinne des Wortes, der DGF Stoess GmbH, heute Gelita AG. Ich freue mich sehr, dass der Aufsichtsratsvorsitzende und der Finanzvorstand dieses Unternehmens heute bei uns sind. Sie haben dieses Unternehmen über viele Jahre in einer Vielzahl von Fragen beraten. Vor allem haben Sie, unterstützt von Partnern und Mitarbeitern, die Expansion der heutigen Gelita AG weltweit begleitet, also weit über Deutschland hinaus. M&A haben Sie daher schon in einer Zeit praktiziert, in der man noch schlicht von Fusionen und Unternehmenskäufen sprach.

Aus Ihrer Tätigkeit für die Gelita AG ist mir ein schon Jahre zurückliegender Vorgang erinnerlich, der zeigt, wie wichtig eine kluge und vorausschauende Zusammenarbeit von Unternehmensleitung und Rechtsanwalt ist. In einem bestimmten Unternehmenskauf stand die Situation an, ob das Projekt weiter verfolgt wird. Sie hatten dazu sozietätsintern erläutert, dass sich die Erwerbsbedingungen doch ziemlich verschlechtert hätten und es zweifelhaft sei, ob die Transaktion noch sinnvoll sei. In dieser Zeit erreichte Sie dann ein Brief des damaligen Sprechers der Geschäftsleitung, das Unternehmen nehme Abstand von der Transaktion und er lüde deshalb herzlich ein zu einem so wörtlich Withdrawal-Dinner. Ich glaube, in manchem Fall wäre die frühzeitige Beendigung einer Transaktion über ein Withdrawal-Dinner das bessere Ende als der Vollzug gewesen.

Die Mandatsbeziehung zur jetzigen Daimler AG als ältestem Mandanten der Sozietät konnten Sie auf das Gesellschaftsrecht so ausdehnen, dass Daimler zu einem Ihrer bedeutenden Mandanten geworden ist. Der Schwerpunkt lag und liegt in der aktienrechtlichen Betreuung vor allem in folgenden wichtigen Segmenten. Seit Jahren begleiten Sie die Hauptversammlung im sog. Back Office, d. h. Sie unterstützen die Rechtsabteilung der Daimler AG, regelmäßig gemeinsam mit Dirk Wasmann, bei der rechtlich korrekten Abhaltung der Hauptversammlung, vor allem im Rahmen der Beantwortung der Fragen von Aktionären. Sie verteidigen die Daimler AG ferner in Anfechtungsprozessen, überwiegend erhoben von den bekannten Klägern, und dies bisher ausnahmslos mit Erfolg. Zudem vertreten Sie Daimler in Spruchverfahren.

Nun zu einem weiteren Mandat des aktienrechtlichen Konzernrechts. Sie waren federführender Partner eines Teams der Sozietät, neben Ihnen ist vor allem Stefan Mutter zu nennen, das die damalige T-Online AG bei ihrer Verschmelzung auf den Hauptaktionär Deutsche Telekom AG beriet. Das Mandat wurde intensiv in den Medien begleitet, auch weil an der T-Online zu jener Zeit gut eine Million Minderheitsaktionäre beteiligt waren. Entsprechend umfänglich und kontrovers wurden auch die rechtlichen Streitigkeiten geführt. In einem vielfach diskutierten Urteil wies das LG Darmstadt[1] zwar eine Vielzahl von Rügen der Antragsgegner zurück, lehnte aber dennoch die Freigabe ab. Ihr, auch in der Presse berichteter, Hinweis auf die Notwendigkeit der Freigabe als Voraussetzung für die Integration des Geschäftsbetriebs der T-Online AG in die Deutsche Telekom AG hatte dann, natürlich unterstützt mit eingehender rechtlicher Argumentation, vor dem OLG Frankfurt[2] Erfolg, das feststellte, die erhobenen Anfechtungsklagen stünden der Eintragung des Verschmelzungsbeschlusses nicht entgegen.[3] Auch dieses Urteil führte allerdings noch nicht zum Rechtsfrieden: Das OLG Frankfurt hatte ausdrücklich die Rechtsbeschwerde gemäß § 572 Abs. 4 ZPO zugelassen, entgegen Gesetz und vorheriger Rechtsprechung des OLG München[4]. Die darauf erhobenen Rechtsbeschwerden führten zur in der amtlichen Sammlung veröffentlichten Grundsatzentscheidung Ihres Senats[5], sehr geehrter Herr Prof. Goette, dass Rechtsbeschwerden gegen Beschlüsse im Freigabeverfahren nach § 16 Abs. 3 UmwG nicht zulässig sind, und zwar weil sie aus der Natur der Sache heraus mit der dem Gesetz zugrunde liegenden Eilbedürftigkeit des Freigabeverfahrens nicht vereinbar sind. Im Ergebnis konnte so die von Ihnen, lieber Herr Riegger, vertretene Position der Mandantin, dass die

1 AG 2006, 129.
2 AG 2006, 249.
3 aaO, 253 f.
4 aaO, LS 7, 258 m.w.N.
5 BGHZ 168, 48 ff. = AG 2006, 540 ff.

Verschmelzung ungeachtet der Anfechtungsklagen in das Handelsregister einzutragen ist, obsiegen und die Verschmelzung mit der Deutschen Telekom AG zur Zufriedenheit der Mandantin umgesetzt werden.

Ihre zunehmende Erfahrung im Konzernrecht hat dazu geführt, dass Sie zu den Pionieren bei der Beratung zur Umstrukturierung und Privatisierung juristischer Personen des öffentlichen Rechts gehörten. Ausgangspunkt war Anfang der neunziger Jahre die Entscheidung des Landes Baden-Württemberg, die beiden Gebäudeversicherungsanstalten in Baden und Württemberg erst zu fusionieren und dann zu verkaufen. Da die Gebäudeversicherungsanstalten, wie schon der Name sagt, juristische Personen des öffentlichen Rechts waren, konnten sie so natürlich nicht oder nur schwer verkauft werden. Auch war die Fusion nach rein öffentlich-rechtlichen Regeln eher schwierig. Deshalb haben Sie gemeinsam mit u. a. Hansjörg Scheel das Land dabei beraten, erst diese beiden juristischen Personen des öffentlichen Rechts in Aktiengesellschaften umzuwandeln, diese dann zu verschmelzen und die so entstandene verschmolzene Gesellschaft an die Sparkassenversicherung zu verkaufen.

Dieses Mandat war Auftakt zu einer Reihe weiterer Mandate mit ähnlichem Inhalt. Dazu gehören die Beratung des Landes Baden-Württemberg beim Verkauf seiner Beteiligung an der EnBW an die EdF. „Noch öffentlich-rechtlicher" wurden Sie bei der Neuordnung der Bankenlandschaft in Baden-Württemberg. Das mit Unterstützung „Ihres" Gleiss Lutz Teams, aus dem besonders Marcus Dannecker und Stefan Mutter zu nennen sind, entwickelte und realisierte Konzept einer Fusion von Landesgirokasse, Südwest LB und des Marktteils der L-Bank schuf die heutige Landesbank Baden-Württemberg, und zwar auf Grundlage einer öffentlich-rechtlichen Vereinbarung zwischen den Trägern aller drei Banken und dem Gesetz über die Landesbank Baden-Württemberg vom 11. November 1998[6]. Die LBBW ist heute mit einer Bilanzsumme von Euro 443 Milliarden[7] im Konzern die größte Bank im Südwesten Deutschlands, in der Bundesrepublik gehört sie zu den 5 größten Kreditinstituten, weltweit zu den 50 größten Banken.

Da Ihre Veröffentlichungspraxis die Breite Ihrer Beratungspraxis aufnahm, muss ich mich auf wenige Beispiele beschränken.

Praktisch von großer Bedeutung ist Ihre Gestaltung der Formulare zur KG im Münchener Handbuch für Gesellschaftsrecht. Und da ich daran nie mitgewirkt habe, ist es mir ohne Weiteres gestattet zu sagen, dass es sich um besonders gute Formulare in diesem Marktführer unter den gesellschaftsrechtlichen Formularbüchern handelt, wie mir vielfacher Einsatz gezeigt hat.

Aktien- und konzernrechtliche Fragen stellen wie in Ihrer Beratungspraxis einen zunehmenden Schwerpunkt Ihrer Veröffentlichungen dar. Besonders beschäftigt hat Sie, und zwar in einem Aufsatz in „Der Betrieb" 1999[8] sowie in Ihrer Kommentierung im von Ihnen und Dirk Wasmann herausgegebenen Kölner Kommentar zum Spruchverfahrensgesetz, die Frage, inwieweit im Anschluss an die DAT/Altana-

6 GBl., S. 1998.
7 Quelle: Geschäftsbericht zum 31.12.2007.
8 S. 1889.

Entscheidung des Bundesverfassungsgerichts der Aktienkurs bei einem Squeeze Out wirklich die Untergrenze der Bewertung im Spruchverfahren darstellt. Sie haben zutreffend herausgearbeitet, dass dies nur sehr eingeschränkt der Fall sein kann.

Auch einen anderen Aspekt des Squeeze Outs, nämlich die Behandlung eigener Aktien der Gesellschaft, deren Minderheitsaktionäre ausgeschlossen werden sollen, haben Sie in einem Aufsatz in „Der Betrieb" 2003[9] wissenschaftlich behandelt.

Ihre gesellschaftsrechtliche Beratung und ebenso Ihre Publikationen haben also über 33 Jahre hinweg fast alles erfasst, was ein Rechtsanwalt im Gesellschaftsrecht in einem Leben überhaupt bewältigen kann. BGB-Gesellschaften, alle Formen von Personenhandelsgesellschaften, Kapitalgesellschaften in personalistischer und kapitalistischer Struktur, Konzernrecht und schließlich als Schlusspunkt der „Übergriff" in das öffentliche Recht mit entweder der Umwandlung von öffentlich-rechtlichen in privatrechtliche Gesellschaften oder die Umstrukturierung der öffentlich-rechtlichen Gesellschaften selbst.

Diese Aufgabenvielfalt hat Sie aber nicht gehindert, sich umfänglich für die Sozietät zu engagieren. Im Gegenteil.

Sie waren und sind einer der aktivsten und engagiertesten Ausbilder von späteren Partnern, mindestens 7 Partner haben bei Ihnen gelernt, alle vier Vertreter der Sozietät heute unter den Referenten und als Diskussionsleiter gehören dazu.

Als lange Jahre einziger und dann ältester Gesellschaftsrechtler waren Sie in allen gesellschaftsrechtlichen Angelegenheiten der geborene Kronjurist der Sozietät. Wenn auf Sozietätsversammlungen gesellschaftsrechtlich diskutiert wurde, was angesichts der verschiedenen Fachrichtungen auf einem teilweise durchaus differenzierten Niveau stattfand, endete dies meistens damit, dass jemand sagte, Riegger möge entscheiden. Dies hat viele Konflikte gelöst, weil jeder wusste, dass Sie die Rechtslage sine ira et studio wiedergeben würden, mithin unabhängig davon, ob das für die von Ihnen persönlich vertretene Position vorteilhaft oder nachteilig war. Nur in den Jahren, in denen Sie selbst in Sozietätsgremien tätig waren, konnten Sie diese Aufgabe wegen Befangenheit nicht wahrnehmen.

Mitglied des Verwaltungsausschusses, wie das damals höchste Gremium der Sozietät hieß, wurden Sie das erste Mal von Dezember 1989 bis zum 31. Dezember 1991, danach noch einmal von März 1996 bis 2000, dann lange als Vorsitzender.

Vor allem in den Jahren 1996 bis 2000, die gekennzeichnet waren durch eine zweite Fusionswelle, haben Sie die Sozietät trotz aller kontroversen Entscheidung so gesteuert, dass die Harmonie der Partnerschaft ungeachtet aller Meinungsunterschiede intakt blieb. Sie haben zugleich an der Inkorporation einer neuen Sozietätsstruktur mitgewirkt, die bis heute eine verlässliche Basis unserer Binnenorganisation ist. Ihr gesellschaftliches Rüstzeug haben Sie so auch dafür eingesetzt, im „eigenen Garten" für Ordnung zu sorgen.

Ihren bedeutenden Beitrag zur Sozietät, am Aufbau des Gesellschaftsrechts, der Akquisition und Bearbeitung gesellschaftsrechtlicher Vorzeigemandate, in der Aus-

9 S. 541.

bildung von Partnern und der internen Corporate Governance, verdanken Sie – und damit wir – einer glücklichen Synthese von wirtschaftlichem Sachverstand und Ihrem berühmten juristischen Scharfsinn. Ich hoffe, dass ich zeigen konnte, wie sehr dieses Zusammenspiel von ökonomischer und juristischer Erfahrung sich über ihr ganzes Leben entwickelt hat.

Dennoch kommt zu diesem Beitrag zur Sozietät noch etwas genau so Wichtiges hinzu: Lieber Herr Riegger, über alle Daten, Erfolge, Mandate, Veröffentlichungen hinaus: Viele Partner verbinden wie ich mit Ihnen sehr viel. Ihre große Kollegialität, Ihr durch ein verschmitztes Lächeln ausgedrückter Humor, Ihre Bereitschaft, in der fachlichen oder auf Sozietätsangelegenheiten bezogenen Diskussionen dezidiert, aber praktisch immer sachlich Stellung zu nehmen, auch die Besonderheit Ihres Büros, das anders eingerichtet ist als das der meisten Partner, und im Unterschied zu der Unordnung, die viele Partner, mich eingeschlossen, für kreativ halten, immer aufgeräumt ist, haben Sie zu einem Partner werden lassen, den wir alle gerne unter uns haben und hatten. Aber auch Sie haben natürlich Ihre Eigenheiten. Nicht für jeden in der Sozietät waren Sie so einfach zu nehmen, wie für Ihre Partner, vor allem für die, die Ihnen nahestehen. Es gibt eine Reihe von Geschichten dazu, dass Ihre Versorgungserwartungen an Sekretariatsmitarbeiterinnen, vom regelmäßig benötigten Tee bis zum umgehenden Beschaffen von Akten, die sich bei Ihnen im Zimmer befanden, nicht immer wirklich einsichtig und leicht zu erfüllen waren. Aber, erst gewisse Schwächen machen den gesamten Menschen.

Wir wünschen Ihnen und uns daher sehr, dass Sie Ihre Tätigkeit für die Sozietät in Ihrer neuen Position als Of Counsel ab dem 1. Januar 2009 noch möglichst lange fortführen. Wir wissen natürlich auch, dass dies mit anderen Plänen kollidiert. Sie möchten mehr Zeit für Ihre Frau haben und auch für Ihre ausgeprägten Interessen, vor allen Dingen in der Lektüre und Analyse klassischer Philosophen. Möge es Ihnen, lieber Herr Riegger, gelingen, zwischen diesen drei Bereichen Ihres Lebens einen Ausgleich zu finden, der eine Art interne Corporate Governance bei Ihnen realisiert. Bitte haben Sie aber Verständnis dafür, dass diese interne Corporate Governance in jedem Fall einen angemessenen Zeitanteil für die Sozietät voraussetzt, auch wenn Sie, liebe Frau Gruss, dies vielleicht nicht gerne hören.

Ihnen und uns, den Mandanten, der Sozietät, ihren Partnern und Mitarbeitern wünsche ich noch viele gemeinsame und erfolgreiche Jahre.

Ich danke Ihnen für Ihre Aufmerksamkeit.

Dr. Detlef Schmidt

Zur neueren Rechtsprechung des II. Zivilsenats des BGH zu Ausgleich und Abfindung

Prof. Dr. Wulf Goette, Vorsitzender Richter am Bundesgerichtshof

Es gehört ein gewisser Mut dazu, als Mitglied des II. Zivilsenats des Bundesgerichtshofes aus Anlass Ihres besonderen Geburtstages, zu dem auch ich Ihnen auf das herzlichste gratuliere und Gesundheit und Glück wünsche, zu dem Thema

„Ausgleich und Abfindung“

zu sprechen. Denn jedermann weiß, dass bei der Anwendung und Auslegung der §§ 304, 305 AktG nicht das zentrale Arbeitsfeld des Bundesgerichtshofes liegt, die allermeisten Fragen vielmehr von den Landgerichten und Oberlandesgerichten entschieden werden. Ein näherer Blick in die juris-Datenbank bestätigt dies: Zu § 304 AktG sind dort – beginnend mit dem Jahr 1973 – 125 und zu § 305 AktG 172 Rechtsprechungsdokumente verzeichnet, für den II. Zivilsenat entfallen darauf 14 bzw. 16, die sich auf zusammen 22 reduzieren, wenn man die Doppelzählungen heraus rechnet. Wenn ich dennoch dieses Thema für meinen kleinen Vortrag gewählt habe, so hat dies drei Gründe:

Bei den wenigen Fällen, mit denen der Senat befasst worden ist, schält sich der Eindruck heraus, dass die Ausgleich und Abfindung schuldenden Unternehmen diese Verpflichtungen als ein wenig lästig, wenn nicht gar unnötig empfinden und sich denselben um so eher zu entziehen versuchen, als – man kann das schon an dem rasanten Anstieg der Entscheidungen ab Beginn der 90er Jahre des vorigen Jahrhunderts ablesen – die mitunter recht offensiv auftretenden Anspruchsteller sehr häufig zu der Gruppe der in den 30er Jahren des vergangenen Jahrhunderts als „Spezialisten eines blühenden Erpressergewerbes“,[1] heute oft kaum netter benannten Aktionäre gehören; hier gilt es das Bewusstsein dafür zu schärfen, dass nicht nur „brave“, sondern auch solche lästigen Aktionäre die ihnen vom Gesetzgeber eingeräumten Rechte durchsetzen dürfen.

Der zweite Grund ist die Tendenz in der Rechtsprechung des Bundesverfassungsgerichts, den Schutz des Aktieneigentums nach Art. 14 GG nicht mehr vorrangig in einer gegenständlichen Weise zu vollziehen, sondern in größerem Maße nach der Stellung und dem möglichen Einfluss des Mitglieds auf das Geschehen in der Korporation zu differenzieren und dementsprechend den genannten Schutz auf die finanzielle Seite der Mitgliedschaft zu fokussieren und zu beschränken. Diese Tendenz ist nach meinem Verständnis sehr zu begrüßen, eröffnet sie doch dem Gesetz-

[1] Vgl. *Schubert*, Akademie für Deutsches Recht 1933-1945, Protokolle der Ausschüsse, 1986, S. 268.

geber und dem für die Anwendung des „einfachen" Rechts zuständigen Richter Spielräume, Konflikte zwischen Mehrheit und Minderheit sachgerecht zu lösen, ohne die Minderheit unter die Räder kommen zu lassen oder das Unternehmen zu zwingen, dem opponierenden Aktionär seinen Lästigkeitswert abzukaufen. Geht man diesen differenzierenden Weg, gewinnt die richtige Ermittlung der Entschädigung für den Verlust der Mitgliedschaft oder für die Einschränkung, vorhandene oder angebliche Beschlussmängel geltend machen zu können, um so größere Bedeutung.

Und schließlich: Mit dem Inkrafttreten des jetzt nicht mehr verschleiernd als FamFG, sondern richtig FGG-Reformgesetz genannten Gesetz, das in der vorvorigen Woche endgültig verabschiedet worden ist und zum 1. September 2009 in Kraft treten soll, hat es mit der bisher anzutreffenden, systembedingten Zurückhaltung des II. Zivilsenats auf diesem Feld sein Ende. Denn dann ist der Senat nach der Weisheit des Gesetzgebers, der das bewährte Vorlageverfahren nach § 28 FGG abgeschafft und das nur von der Zulassung abhängige Parteirechtsmittel der Rechtsbeschwerde (sinnigerweise auch in Handelsregistersachen) eingeführt hat, das oberste Spruchgericht in Deutschland.

Alle drei Gründe zusammen genommen scheinen es mir zu rechtfertigen, inne zu halten und auf den Stand der jüngsten höchstrichterlichen Rechtsprechung zu Ausgleich und Abfindung zu blicken.

Ich beginne mit einem neueren Urteil vom 10. Dezember letzten Jahres, das mir als Beispiel für den von mir angesprochenen Unwillen mancher Gesellschaften zu zeugen scheint, dem in §§ 304, 305 AktG niedergelegten Gebot zu entsprechen:[2] Der Kläger ist unbestritten als ehemaliger Aktionär abfindungs- und ausgleichsberechtigt für den vom 1. Januar 1992 bis 16. Oktober 2001 reichenden Zeitraum. Den ihm zustehenden Ausgleich hat er während dieser Zeit erhalten, in gleicher Weise ist ihm, nachdem er die Aktien übertragen hat, die Barabfindung gezahlt worden. Umstritten war, welchen Zinsbetrag er auf die Barabfindung neben dem Ausgleich fordern kann. Die Beklagte hat auf der Grundlage der sog. Saldierungsmetheode – für den gesamten Zeitraum werden die Abfindungszinsen ermittelt und davon der bereits gezahlte Ausgleich abgezogen – einen gewissen Betrag gezahlt. Demgegenüber hat der Kläger eine andere Berechnungsweise – die Beklagte hat sie die „Rosinentheorie" genannt – für zutreffend gehalten; er wollte die Abfindungszinsen und den Ausgleich nicht einheitlich für die gesamte Zeit einander gegenüber stellen, sondern hat eine Saldierung für jeden einzelnen „Referenzzeitraum" (Kalender- oder Geschäftsjahr) gefordert. In seinem Fall hatte das zur Folge, dass in einzelnen Jahren der volle Ausgleich, aber „0" Zinsen zu zahlen wären; insgesamt auf den in Rede stehenden Zeitraum hätte der Kläger aber einen höheren Betrag zu erhalten, weil ihm dann der Ausgleich in dem entsprechenden Jahr als Mindestverzinsung ungeschmälert verbleibt.

2 II ZR 199/06, BGHZ 174, 378.

Die Entscheidung des LG, das als Berufungsgericht die Saldierungsmethode für richtig gehalten und die Revision zugelassen hat, hat der Senat geändert. Nach der Rechtsprechung des Senats[3] ist klar, dass streng zwischen der Barabfindung – sie repräsentiert das von dem Aktionär der Gesellschaft zur Verfügung gestellte Kapital - und dem Ausgleich, der Gegenleistung für die Kapitalnutzung, zu unterscheiden ist und dass deswegen die Barabfindung neben den Abfindungszinsen geschuldet wird. Eine Verrechnung kommt deswegen nur in Betracht, soweit es um das Nebeneinander von Ausgleich und Abfindungszinsen, also um das Zusammentreffen der beiden Formen geht, in denen die Möglichkeit der Kapitalnutzung entgolten wird. Sie ist erforderlich, um – auch das hatte der Senat schon früher entschieden[4] – eine Überkompensation des Nutzungsentgelts auszuschliessen, welche nach der Einführung der Verzinsungspflicht betr. die Barabfindung (§ 305 Abs. 3 Satz 3 AktG) drohte. Der Senat hat gemeint – ein gewisser Missmut des Berichterstatters, der schon die vorangegangenen Entscheidungen[5] für den Senat entworfen hatte, dass das LG sich von den Anwälten des Unternehmens mit dem emotionalen Schlagwort des „Rosinenpickens", dem man begegnen müsse, hat in die Irre führen lassen, scheint in dem referierten Urteil auf -, er habe das Problem des Falles, die Bestimmung des zeitlichen Maßstabes bereits in den früheren Urteilen geklärt. Es kommt auf die Referenzzeiträume an. Der Ausgleich als Ersatz für die Mindestdividende bleibt dem Aktionär ungeschmälert erhalten, gleichgültig, ob die Abfindungszinsen in dem entsprechenden Referenzzeitraum höher oder niedriger sind; nur dann, wenn die Ausgleichzahlungen hinter den Abfindungszinsen zurückbleiben, wirkt sich die Neuregelung des § 305 Abs. 3 Satz 3 AktG aus, weil sie dann die durchschnittliche Mindestverzinsung der Kapitalnutzung durch die Gesellschaft aufbessert, im übrigen bleibt es im wirtschaftlichen Ergebnis bei dem früheren Rechtszustand. Die Gesamtsaldierungsmethode des Berufungsgerichts löst diesen nach § 304 Abs. 2 AktG notwendigerweise zeitbezogenen Zusammenhang auf und verfehlt deswegen nach unserer festen Meinung den Willen des Gesetzgebers, an dem es wäre, vermeintliches „Rosinenpicken" durch entsprechende klare Regelungen auszuschließen.

Andererseits – damit komme ich zu einer anderen Fallgestaltung – ist die Festsetzung eines Ausgleichs oberhalb des Wertes „Null" – anders als eine aus zahlreichen Gerichtsverfahren bekannte, unbescheidene Aktionärin geglaubt hat – nach dem Gesetz keineswegs geboten. Das hat der Senat in einem Fall[6] ausgesprochen, in dem eine Straßenbahn-AG, die seit längerer Zeit nur noch Verluste erwirtschaftet hatte, einen Ergebnisabführungsvertrag mit ihrer Mehrheitsaktionärin geschlossen hatte, welcher dieser die Möglichkeit eröffnen sollte, die von ihr bisher getragenen Verluste im Rahmen einer steuerlichen Organschaft geltend zu machen. Für außenstehende Aktionäre wie für die Klägerin sah der Vertrag eine Abfindung von 180,00 € je Stückaktie und einen Ausgleich von „0" vor; beide Beträge hatte der gerichtlich be-

3 BGHZ 152, 29 ff.

4 BGHZ 152, 29, 32; Urt. v. 2.6.2003 – II ZR 84/02, ZIP 2003, 1933.

5 BGHZ 152, 29 und BGHZ 155, 110.

6 BGHZ 166, 195.

stellte Vertragsprüfer für angemessen erachtet. Die Klägerin wollte die Nichtigerklärung des Zustimmungsbeschlusses der Hauptversammlung der Beklagten zu diesem Vertrag erreichen und hat gemeint, ein Ausgleich „0“ sei keine zulässige Festlegung im Rahmen des § 304 Abs. 3 Satz 1 AktG. Damit hat sie in allen drei Instanzen keine Zustimmung gefunden.

Richtig ist selbstverständlich, dass der Ergebnisabführungsvertrag eine Aussage über den Ausgleich enthalten muss. Dieses Formerfordernis war erfüllt. Ob – wie die Klägerin gemeint hat – in jedem Fall ein positiver Wert angesetzt werden muss, hängt von der Funktion des Ausgleichs ab: Er soll nach der Rechtsprechung des Senats und des BVerfG einen Ersatz für die ausfallende Dividende geben, den außenstehenden Aktionär also so stellen, als sei es nicht zu einem Unternehmensvertrag gekommen. Bei einer dauerhaft defizitären Gesellschaft ist die Dividendenerwartung aber „0“, so daß der Aktionär durch den Vertrag nicht schlechter gestellt wird, also keinen ausgleichspflichtigen Nachteil erleidet. Einen Vorteil gegenüber dem status quo ante soll er aber durch § 304 AktG nicht erzielen, darauf indessen läuft das petitum der Klägerin hinaus. Sollte die Festsetzung des Ausgleichs auf „0“ unzutreffend sein, weil die beklagte AG gar nicht ertragslos ist, so kann und muss dies im Spruchverfahren geklärt werden, eine Anfechtungsklage kann mit dieser Begründung nicht mit Erfolg geführt werden.

Spruchverfahren dauern zu lange, die Gründe sind unterschiedlich und – soweit es um die Verhaltensweisen der Verfahrensbeteiligten geht – auch nicht einseitig etwa allein den Minderheitsaktionären anzulasten. Die Politik hat – gerichtet gegen die Unternehmen, die hier nicht immer „Waisenknaben“ sind – vor einigen Jahren mit der Einführung der Verzinsungspflicht nach § 305 Abs. 3 Satz 3 AktG reagiert und will hier – wie beim Erfurter Juristentag angekündigt worden ist – mit einer Erhöhung des Zinssatzes nachbessern. Die höchstrichterliche Rechtsprechung hat auf das Phänomen der überlangen Dauer reagiert, indem sie das Institut des „vertragsüberdauernden Spruchverfahrens“ anerkannt hat.[7] In dem vom II. Zivilsenat im März dieses Jahres entschiedenen EKU-Fall[8] hat die lange Dauer der Spruchverfahren zu nicht unerheblichen Komplikationen geführt: Die drei Kläger, sie gehören zu einer Familie, deren Vertrauen in die deutsche Justiz so groß ist, dass Ihre Mitglieder immer wieder den Senat zur Lösung ihrer rechtlichen Konflikte mit verschiedenen Aktiengesellschaften anrufen, waren Aktionäre der Henninger Bräu AG. Diese schloss einen am 30. Mai 1988 wirksam gewordenen Beherrschungs- und Gewinnabführungsvertrag mit der EKU AG ab, welche sich seit April 1996 im Konkurs befindet und deren Konkursverwalter der Beklagte ist. Der Unternehmensvertrag führte zur Einleitung eines erst im Januar 2003 abgeschlossenen Spruchverfahrens, in dem der Abfindungswert auf 554,78 DM für eine Aktie im Nennwert von 50,00 DM festgesetzt wurde. Zwischenzeitlich hatte die – später ebenfalls insolvent gewordene – März AG die Aktienmehrheit der EKU AG erworben. Deswegen kam es zum Abschluss eines weiteren – ab 31.Oktober 1990 wirksamen – Beherrschungs- und

7 BGHZ 135, 374; bestätigt BGHZ 167, 299 JENOPTIK und BGHZ 176, 43 EKU.
8 BGHZ 176, 43.

Gewinnabführungsvertrags zwischen März und Henninger, der bei abweichender Laufzeit denselben Inhalt hatte. Gleichzeitig wurde der entsprechende Vertrag zwischen Henninger und EKU aufgehoben.

Auch dieser 2. Unternehmensvertrag ging in das Spruchverfahren; dort wurde der Abfindungswert – ebenfalls im Januar 2003 – auf 822,49 DM je Aktie im Nennwert von 50,00 DM festgesetzt. Innerhalb der Andienungsfrist aus dem ersten Spruchverfahren im April 2003, dienten die Kläger ihre Aktien dem Beklagten an; dieser lehnte ab. Die Kläger veräußerten die Aktien im Oktober 2003 über die Börse. Ihre Forderungen aus der Andienung der Aktien hatten die Kläger außerdem zur Konkurstabelle der EKU angemeldet. Auch gegenüber dem Konkursverwalter der März AG hatten sich die Kläger ähnlich verhalten, auch er lehnte die angedienten Aktien ab, bediente aber die angemeldeten Forderungen wegen dieser Ablehnung mit einer Quote von rund 15%.

Gegenstand des EKU-Rechtsstreits war die auf § 17 KO gestützte Schadenersatzforderung der Kläger, deren Feststellung zur Konkurstabelle sie begehrt haben. Sie haben den Schaden aus dem Gesamtabfindungswert (Wert pro Aktie + Zinsen) abzüglich des jeweils erzielten Verkaufserlöses errechnet. Nach Ansicht des Beklagten sollte der Anspruch nicht bestehen, weil der Unternehmensvertrag aufgehoben worden sei und durch die Konkurseröffnung jeder Anspruch der Kläger gegen die EKU AG als ehemals herrschendes Unternehmen erloschen sei.

Der II. Zivilsenat ist dem beklagten Konkursverwalter nicht gefolgt, sondern hat angenommen, dass ein während eines Spruchverfahrens über das Vermögen des herrschenden Unternehmens eröffnetes Insolvenzverfahren den früher begründeten Abfindungsanspruch eines außenstehenden Aktionärs als solchen unberührt lässt. Die in § 305 AktG niedergelegte Erwerbsverpflichtung gegen den Willen des Verwalters durchzusetzen, widerspräche indessen den Zwecken eines Insolvenzverfahrens, das nicht auf Abwicklung beiderseitiger Leistungen gerichtet ist, sondern das darauf zielt, Geldforderungen zur Tabelle anzumelden, sie festzustellen und nach den insolvenzrechtlichen Regeln für ihre Befriedigung zu sorgen. Der von dem Beklagten daraus gezogene Schluss, mangels Erwerbsverpflichtung sei der Abfindungsanspruch obsolet, ist nicht hinnehmbar. Vielmehr muss – schon aus Gründen des Eigentumsschutzes – auch dieser Abfindungsanspruch im Insolvenzverfahren Berücksichtigung finden, wenn der Verwalter die ihm angedienten Aktien des außenstehenden Aktionärs nicht annimmt; es lag nahe, dann die allgemeinen insolvenzrechtlichen Regeln der §§ 17, 26 KO bzw. § 103 InsO über die Nichterfüllung schwebender Verträge entsprechend anzuwenden. Der Minderheitsaktionär erlangt also einen Schadenersatzanspruch, den er als Geldforderung zur Tabelle anmelden darf. Den Schaden darf er – wie im entschiedenen Fall geschehen – konkret berechnen, also die Differenz zwischen dem im Spruchverfahren festgesetzten Abfindungsbetrag und dem beim Deckungsverkauf erzielten Erlös fordern. Dabei ist zu beachten, dass der Erlös aus dem Deckungsverkauf an die Stelle der Aktien tritt, für die die Abfindung geschuldet wird. Es ist deswegen nicht richtig, diesen Erlös auf die Abfindungszinsen anzurechnen. Diese Abfindungszinsen werden nach den die aktienrechtlichen Regeln verdrängenden insolvenzrechtlichen Bestimmungen (§ 63 Nr. 1 KO) nur bis zur Konkurseröffnung geschuldet, bis dahin aber in voller Höhe bezogen auf den im Spruchverfahren ermittelten Abfindungsbetrag berechnet.

Die Problematik der JENOPTIK-Entscheidung,[9] nach der die Veräußerung der Aktien zum Verlust des Abfindungsanspruchs führt, weil der außenstehende Aktionär nun das Papier ja nicht mehr andienen kann, spielt zu Lasten der Kläger keine Rolle, weil sie wegen der Weigerung des beklagten Konkursverwalters, dem Andienungsbegehren zu folgen, den zur Tabelle anzumeldenden Schadenersatzanspruch (dem Grund nach) bereits erworben haben. Anders verhält es sich mit dem weiteren in der genannten Entscheidung aufgestellten Erfordernis, dass die Kläger darlegen und beweisen müssen, überhaupt abfindungsberechtigte, also außenstehende Aktionäre gewesen zu sein. Das sind sie nach dem den §§ 304 f. AktG zugrunde liegenden System nur dann, wenn sie Unterworfene eines existierenden Ergebnisabführungsvertrages gewesen sind, ihre Aktien also vor der Beendigung des Unternehmensvertrages – d.h. hier vor Oktober 1990 – erworben hatten. Der in dritter Instanz gestellten Forderung – da es um ein Schlüssigkeitsmerkmal der Klageforderung geht, konnte diese Prüfung von Amts wegen stattfinden – sind die Kläger über viele Wochen beharrlich nicht nachgekommen, so dass bis kurz vor der mündlichen Verhandlung vor dem Senat in Rede stand, die Klage mangels Schlüssigkeit abzuweisen; erst unmittelbar vor diesem Verhandlungstermin ist zu dieser Frage – natürlich streitig – vorgetragen worden, so dass schon zur Klärung dieser grundlegenden Vorfrage das Berufungsurteil aufgehoben und der Rechtsstreit an die Vorinstanz zurückverwiesen werden musste.

Zusätzliche Schwierigkeiten hat dann natürlich der Umstand hervorgerufen, dass auch das zweite herrschende Unternehmen falliert ist und die Kläger auch dem dortigen Konkursverwalter ihre Aktien angedient hatten. Die Aussage, dass die jeweils entstandenen Abfindungsansprüche gegen die beiden herrschenden Unternehmen wahlweise geltend gemacht werden können, liegt auf der Linie des Senats, nach der die Beendigung eines Unternehmensvertrages während eines laufenden Spruchverfahrens den außenstehenden Aktionären ihre vorher entstandenen Rechte nicht nimmt. Wären beide Unternehmen nicht in der Insolvenz gewesen, wäre wohl sicher anzunehmen, dass die Kläger den höheren Abfindungswert bei der März AG gegen Einlieferung der Aktien liquidiert hätten. Ansprüche gegen die EKU AG wären dann hinfällig gewesen. In der Doppelinsolvenz der herrschenden Unternehmen kann sich der höhere Abfindungswert in dem einen Spruchverfahren aber schnell relativieren, weil es ja wesentlich auf die erzielbare Quote ankommt. Und die Umwandlung des Abfindungs- in einen Schadenersatzanspruch wegen Nichterfüllung kann auch dazu führen, dass beide Schadenersatzansprüche nebeneinander bestehen, was zur Folge hat, dass ihr Verhältnis zueinander zu klären ist. Obergrenze ist selbstverständlich der höhere der beiden Abfindungswerte, und soweit sich beide Beträge decken – so

[9] BGHZ 167, 299.

hat es der Senat entschieden – besteht eine Art von Gesamtschuldnerschaft nach Maßgabe von § 68 KO.

Abschließend – und damit greife ich das eingangs erwähnte FGG-Refomgesetz mit seiner Ausweitung der Zuständigkeit des Bundesgerichtshofes für das Spruchverfahrensrecht wieder auf – will ich den Blick auf die schon ältere DAT/ALTANA-Entscheidung[10] lenken. Seit diesem Beschluss wird über die für die Festsetzung von Ausgleich und Abfindung wesentliche Frage gestritten, auf welchen Zeitpunkt der in der genannten Entscheidung für richtig gehaltene Dreimonatszeitraum des durchschnittlichen Börsenkurses zu beziehen ist. Das OLG Stuttgart hatte diese Frage in einem Vorlagebeschluss nach § 28 FGG an den Bundesgerichtshof herangetragen; dem Senat indessen ist die Möglichkeit entzogen worden, seine damalige Entscheidung noch einmal im Lichte der zwischenzeitlich geführten Erörterungen zu überprüfen, weil die zu den „Bekannten" gehörenden Aktionäre die Beschwerde zurückgenommen und damit dem Vorlageverfahren den Boden entzogen haben. Mancher wird dies bedauern, aber – das immerhin sei als Positivum zum FGG-Reformgesetz bemerkt – Trost winkt durch die erleichterte Möglichkeit, eines der als Beschwerdegericht fungierenden Oberlandesgerichte in einem Spruchverfahren zur Zulassung der Rechtsbeschwerde zu veranlassen und so die Sache vor den Bundesgerichtshof zu bringen und eine nach § 74 FGG-Reformgesetz zu begründende Entscheidung herbeizuführen. Vielleicht kommt dem aber auch der Gesetzgeber zuvor, indem er die Anregungen und Beschlüsse des gerade zu Ende gegangenen Erfurter Juristentages aufgreift und sie in einer Weise umsetzt, die der weiteren Diskussion über die richtige Bemessung der Abfindung und des Ausgleichs ein – wie zu erwarten ist: jedenfalls vorläufiges – Ende setzt.

Prof. Dr. Wulf Goette

[10] BGHZ 147, 108.

Informationen zwischen Tochtergesellschaft und herrschendem Unternehmen

Prof. Dr. Uwe Hüffer, Rechtsanwalt, SZA Schilling, Zutt & Anschütz Rechtsanwalts AG

I. Einführung

Die Sorgfaltspflicht der Vorstandsmitglieder gebietet ihnen, sich vor einer Entscheidung sachkundig zu machen. Im Unternehmensverbund oder verkürzend in Konzernverhältnissen gehört es zu den wesentlichen Leitungsaufgaben des Vorstands, die Beteiligungsrechte auszuüben, die dem herrschenden Unternehmen gegenüber der Tochtergesellschaft zustehen. Die Verknüpfung der beiden Aussagen führt zu dem Ergebnis, daß die angemessene Information über die Verhältnisse der Tochtergesellschaft zum Pflichtprogramm der Vorstandsmitglieder des herrschenden Unternehmens gehört, wenn sie dessen Interessen gegenüber der Tochter wahrnehmen.

Die Schwierigkeiten beginnen mit der Frage, wie sich die Informationen beschaffen lassen. Während dafür im Vertrags- oder Eingliederungskonzern Weisungsrechte eingesetzt werden können, verfügt der Vorstand des herrschenden Unternehmens bei anderen Konzernverhältnissen über keine entsprechende Berechtigung. Diese Feststellung führt unmittelbar zum Untersuchungsgegenstand: Es geht darum, wie der praktisch unverzichtbare Informationsfluß von der Tochtergesellschaft zum herrschenden Unternehmen rechtskonform erfolgen kann, wenn Weisungsrechte und die legalisierende Wirkung von Befolgungspflichten nicht zur Verfügung stehen. Es bietet sich an, die anstehenden Probleme in drei Schritten zu untersuchen. Zunächst soll aufgezeigt werden, daß eine umfassende gesetzliche Informationspflicht der Tochtergesellschaft unbegründbar ist. Sodann ist darzustellen, daß ihre Organpersonen jedoch in den aus § 311 folgenden Grenzen zur Informationserteilung berechtigt sind. Schließlich fragt sich, wie aus fehlender Pflicht einerseits und begrenzter Berechtigung andererseits die Grundzüge eines gesetzeskonformen Berichtswesens entwickelt werden können.

II. Begrenzte Tragweite gesetzlicher Informationspflichten

Ich beginne mit den gesetzlichen Informationspflichten. Unmittelbar angeordnet ist eine Informationspflicht nur in § 294 Abs. 3 HGB. Sie trifft das Tochterunternehmen und soll dem Mutterunternehmen ermöglichen, einen vollständigen Konzernabschluß aufzustellen. Aufgrund des Controlkonzepts des § 290 Abs. 2 HGB wird sich sagen lassen, daß eine Mutter-Tochter-Beziehung nach § 290 HGB im praktischen Regelfall mit Abhängigkeit und Konzernierung nach §§ 17, 18 zusammenfällt. In diesen hier untersuchten Fällen bietet deshalb § 294 Abs. 3 HGB immerhin einen Ausgangspunkt.

Die Vorschrift ist aber entsprechend ihrer bilanzrechtlichen Herkunft nicht als konzernrechtliche Regelung konzipiert. Ist das herrschende Unternehmen zugleich Mutterunternehmen, so gewinnt es nämlich nach § 294 Abs. 3 S. 1 HGB nur einen Anspruch darauf, daß ihm die Tochter die einzeln aufgeführten Abschlußunterlagen einreicht. Auch der ergänzende Auskunftsanspruch des § 294 Abs. 3 S. 2 HGB bezieht sich nur auf die Aufstellung des Konzernabschlusses und des Konzernlageberichts. Die aus § 294 Abs. 3 S. 2 HGB folgenden Informationsrechte erweisen sich danach als inhaltlich schmal und vor allem wegen ihres Bezugs zur Konzernrechnungslegung als vergangenheitsorientiert. Die dem Vorstand des herrschenden Unternehmens obliegende unternehmerische Beteiligungsverwaltung kann aber, soweit es nicht um die Kontrolle der eigenen Leistung geht, nur zukunftsorientiert erfolgen. Sie ist weitgehend prognoseabhängig und bedarf deshalb auch der Informationen über die Angelegenheiten der Tochtergesellschaft, die eine solche Prognose erlauben. Gerade dieses Kernstück einer leitungsbezogenen Information wird aber durch § 294 Abs. 3 HGB wegen seines anders ausgerichteten Normzwecks nicht verwirklicht.

Weil § 294 Abs. 3 HGB inhaltlich nicht weit genug trägt, eine andere gesetzliche Regelung aber nicht zur Verfügung steht, finden sich im Schrifttum Versuche, außergesetzlich eine Informationspflicht der Tochter gegenüber dem herrschenden Unternehmen zu begründen. Ein markantes Beispiel dafür liegt in der These, daß § 294 Abs. 3 HGB in Verbindung mit § 320 Abs. 3 HGB, § 145 einen allgemeinen Rechtsgedanken zum Ausdruck bringt, nach welchem das herrschende Unternehmen von seiner Tochtergesellschaft die Informationen beanspruchen darf, die es zur sogenannten Konzernleitung braucht. Die durchaus herrschende Meinung kann sich mit diesem Gedanken jedoch nicht befreunden.

In der Tat ist die vorgeschlagene Rechtsanalogie abzulehnen, weil die dafür angeführten Normen den gesuchten Rechtsgedanken weder einzeln noch in ihrer Zusammenfassung hergeben. Sowohl § 294 Abs. 3 HGB als auch § 320 Abs. 3 HGB sollen nur die ordnungsmäßige Konzernrechnungslegung ermöglichen und § 145 AktG betrifft nur die Rechte des Sonderprüfers. In dieser Rolle befindet sich das herrschende Unternehmen aber nicht. Auch würden die Rechte des § 145 wegen der Vergangenheitsorientierung der Sonderprüfung (§ 142 Abs. 1 S. 1) und wegen der unverzichtbaren gegenständlichen Beschränkung des Prüfungsauftrags dem Vorstand des herrschenden Unternehmens nicht das geben, was er für seine Beteiligungsverwaltung braucht. Insgesamt erweisen sich die §§ 294 Abs. 3, 320 Abs. 3 HGB, 145 danach als inhaltlich zu schmal und auch zu wenig konsistent, um die gesuchte umfassende Informationspflicht zu begründen.

Das Scheitern einer Rechtsanalogie hat zu dem Versuch geführt, die §§ 311 ff. nicht nur als Schutzvorschriften zugunsten der abhängigen Gesellschaft zu lesen, sondern sie auch als Grundlage eines organisationsrechtlichen Verhältnisses zwischen herrschendem Unternehmen und abhängiger Gesellschaft zu interpretieren, das als gesetzlich fundiertes Sonderrechtsverhältnis einen Informationsanspruch des herrschenden Unternehmens ergeben soll. Dabei ist der Gedanke leitend, daß die Ausübung von Leitungsmacht ohne die dafür notwendigen Informationen nicht möglich ist und die gesetzliche Anerkennung deshalb auch den Informationsanspruch einschließen muß.

Diesen Überlegungen ist insofern beizupflichten, als sie den §§ 311 ff. ein Sonderrechtsverhältnis organisationsrechtlichen Inhalts entnehmen. Nachdem es nämlich zur gesicherten Meinung geworden ist, daß diese Vorschriften dem dezentral geführten Konzern auch ohne Beherrschungsvertrag eine gesetzliche Grundlage bieten, müssen sie auch als Anerkennung einer besonderen Rechtsbeziehung zwischen herrschendem Unternehmen und abhängiger Gesellschaft verstanden werden. Genauer handelt es sich dabei um die Rechtsbeziehung, die in der Mitgliedschaft des herrschenden Aktionärs in der abhängigen Gesellschaft wurzelt, aber durch die an den Beherrschungssachverhalt oder an die einheitliche Leitung anknüpfende Rechts- und Pflichtenlage einen besonderen Zuschnitt erhält.

Auch wenn man dem Gedanken an eine mitgliedschaftlich fundierte Sonderrechtsbeziehung näher tritt, ergibt sich aber noch nicht die angebliche gesetzliche Informationspflicht der abhängigen Gesellschaft. Weil sich das Gesetz in dieser Frage nicht äußert und, wie gesehen, auch keine tragfähige Analogiebasis bereithält, ließe sich die Informationspflicht nur durch Rechtsfortbildung gewinnen. Deren Zulässigkeit hängt wiederum von der doppelten Voraussetzung ab, daß der angestrebte Rechtssatz nicht nur wünschbar, sondern praktisch unverzichtbar ist und sich überdies durch Weiterentwicklung des vorhandenen Rechtsstoffs gewinnen läßt. Für die Annahme einer gesetzlichen Informationspflicht der Tochtergesellschaft gegenüber dem herrschenden Unternehmen dürfte es jedoch an beiden Zulässigkeitselementen fehlen.

Gegen die angebliche Unverzichtbarkeit einer gesetzlichen Informationspflicht spricht schon die praktische Evidenz. Die breite Akzeptanz, die bloße Beherrschungsverhältnisse und dezentrale Konzerne ohne Beherrschungsvertrag auch ohne diese Pflicht als Formen für die Organisation unternehmerischen Einflusses finden, dokumentiert eindrucksvoll, daß eine gesetzliche Informationspflicht nicht unbedingt implementiert werden muß. Eine nähere Analyse der §§ 311 ff. zeigt weiter, daß eine gesetzliche Informationspflicht auch nicht aus dem Grundgedanken der Regelung abgeleitet werden kann. Diese geht nämlich nicht von Pflichten der Tochter, sondern von Veranlassungen durch das herrschende Unternehmen aus, denen der Vorstand der Tochter unter den Voraussetzungen des Einzelausgleichskonzepts folgen darf, aber nicht muß, weil er das durch § 76 Abs. 1 anerkannte unabhängige Leitungsorgan auch unter den Bedingungen der §§ 311 ff. bleibt. In der Logik des Gesetzes liegt deshalb nicht die Informationspflicht der Tochter, sondern die Entwicklung eines Informationssystems durch das herrschende Unternehmen, das der Vorstand der Tochtergesellschaft nach eigener, an deren Wohl orientierter Entscheidung akzeptieren oder zurückweisen kann.

Nach allem bietet die zutreffende Annahme eines Sonderrechtsverhältnisses zwar einen dogmatischen Rahmen, in dem eine gesetzliche Informationspflicht der Tochter Platz finden könnte. Diese Pflicht ist aber nicht vorgesehen, nicht praktisch unverzichtbar und auch nicht im Bauplan der §§ 311 ff. angelegt.

III. Berechtigung der Tochtergesellschaft zur Erteilung von Informationen

Dieser Zwischenbefund leitet zu der Frage über, ob die Tochtergesellschaft zur Erteilung von Informationen wenn schon nicht verpflichtet, so doch wenigstens berechtigt ist, genauer, ob ihr Vorstand solche Informationen geben darf oder ob er gegenüber dem herrschenden Unternehmen der Verschwiegenheitspflicht des § 93 Abs. 1 S. 3 unterliegt. Letzteres ist nach herrschender Auffassung nicht der Fall.

Dieser Ansicht ist beizutreten. Soweit zu ihrer Begründung auf die Zulässigkeit einer sog. faktischen Konzernierung oder gleichbedeutend auf das berechtigte Informationsinteresse des herrschenden Unternehmens verwiesen wird, ist das allerdings angesichts des Wortlauts des § 93 noch nicht zureichend. Indessen läßt sich der Gedanke durch das Argument ergänzen, daß der Vorstand der Tochtergesellschaft zwar deren Wohl verpflichtet bleibt, gerade dieser Gesichtspunkt aber durch die Konzernierung eine inhaltliche Veränderung erfährt: Es liegt nicht im Interesse der abhängigen Gesellschaft, daß das herrschende Unternehmen sein Einflußpotential ausübt oder umgekehrt auf solche Ausübung verzichtet, ohne über ihre Verhältnisse ausreichend unterrichtet zu sein. An dieser Stelle erweist sich auch der Gedanke an ein Sonderrechtsverhältnis als fruchtbar. Weil die §§ 311 ff. ein solches Sonderrechtsverhältnis anerkennen, tritt das herrschende Unternehmen der abhängigen Gesellschaft nämlich nicht wie ein beliebiger Dritter gegenüber, sondern erweist es sich als Mitglied einer zwar über die Einzelgesellschaft hinausgehenden, aber doch durch den Unternehmensverbund begründeten Verantwortungsgemeinschaft. Koppelt man diesen Gesichtspunkt mit dem Gesetzeswortlaut zurück, so liegt hier die Begründung für eine verdrängende Spezialität der §§ 311 ff.

Damit wird allerdings auch deutlich, daß die Gewährung von Informationen an das herrschende Unternehmen den aus §§ 311 ff. folgenden Vorgaben unterliegt. Deren Anwendung auf Informationswünsche ist geboten, weil eine Veranlassung durch die Einflußnahme des herrschenden Unternehmens auch dann vorliegt, wenn es gerade wegen seiner beherrschenden, unter Umständen zur einheitlichen Leitung verdichteten Rolle Informationen über die Tochtergesellschaft haben möchte, und deren Erteilung ohne weiteres unter den umfassenden Begriff der Maßnahme zu bringen ist.

Der Vorstand der Tochter unterliegt danach zwar nicht der Verschwiegenheitspflicht des § 93, wohl aber muß er grundsätzlich gegenüber jedem einzelnen Informationsbegehren prüfen, ob die Erteilung der Information für seine Gesellschaft nachteilig ist, ferner gegebenenfalls, ob der Nachteil ausgleichsfähig und das herrschende Unternehmen willens und in der Lage ist, den Nachteilsausgleich zu leisten. Dabei wird der Vorstand die Nachteiligkeit im allgemeinen verneinen können, wenn die begehrten Informationen allein für die kontrollierende Beteiligungsverwaltung des herrschenden Unternehmens verwandt werden sollen und damit gerechnet werden kann, daß dort die Vertraulichkeit gewahrt bleibt. Gegenläufig ist Nachteiligkeit sicher anzunehmen, wenn, etwa indiziert durch die Eigenart der gewünschten Informationen, damit gerechnet werden muß, daß das herrschende Unternehmen seine Kenntnis zur Beförderung des eigenen wirtschaftlichen Erfolgs oder gar zu Wettbewerbshandlungen verwenden wird.

IV. Folgerungen für ein konzerninternes Informationswesen

Wendet man sich abschließend der Frage zu, wie ein konzerninternes Informationswesen brauchbar organisiert werden kann, so stößt man auf die üblichen und zur Herstellung eines Mindestmaßes an Einheitlichkeit auch unverzichtbaren Konzernrichtlinien oder Konzerngrundsätze. Weithin wird ein in diesem Sinne konzerninternes Informationswesen ein Berichtswesen sein, weil die Verbundführung durch das herrschende Unternehmen einen kontinuierlichen, periodengerechten und jedenfalls bei mehreren Tochtergesellschaften auch standardisierten Informationsfluß voraussetzt. Das gilt namentlich für den gesamten Bereich des Finanzwesens.

Konzernrechtlich ist der Einsatz von Richtlinien deshalb adäquat, weil es in rechtlicher Betrachtung auch unter Konzernbedingungen nicht Aufgabe der Tochtergesellschaft und ihres Vorstands ist, von sich aus Maßnahmen zu ergreifen, die im Sinne einer verbundweiten Führung liegen mögen. Vielmehr gehen §§ 308, 323 von einer Initiative des herrschenden Unternehmens in Gestalt der Weisung aus. In § 311 tritt zwar die Veranlassung an die Stelle der Weisung, doch wird auch hier davon ausgegangen, daß das herrschende Unternehmen das von ihm erwartete Verhalten selbst formuliert und an die Tochtergesellschaft heranträgt.

Das betriebswirtschaftliche Schrifttum findet in den Konzernrichtlinien Instrumente der von ihm so genannten „Normativen Führung“. Dabei soll die Kennzeichnung als „normativ“ die Allgemeinverbindlichkeit der in einem hierarchischen Verhältnis erlassenen Richtlinien oder Grundsätze zum Ausdruck bringen. Das paßt im Vertrags- und im Eingliederungskonzern (§§ 308, 323) und ist im GmbH-Konzern wegen der in § 45 GmbHG vorgesehenen Satzungsautonomie gestaltbar. Für die hier untersuchten Fälle bloßer Beherrschung oder sog. faktischer Konzernierung ergibt sich jedoch ein Geltungsproblem, weil das herrschende Unternehmen zwar die Initiativlast trägt, aber die von ihm aufgestellte Konzernrichtlinie nicht rechtsverbindlich machen kann. Dieses Geltungsproblem würde sich weitgehend entschärfen, wenn der Vorstand der Tochter dem herrschenden Unternehmen verbindlich zusagen könnte, den Vorgaben einer Informationsrichtlinie zu folgen. Dieser Weg ist jedoch nicht gangbar, weil der Vorstand der Tochtergesellschaft auch im Beherrschungsverhältnis und auch unter vertragsloser einheitlicher Leitung für seine Gesellschaft die rechtliche Stellung des unabhängigen Leitungsorgans behält und ein solches Organ dem Verbot einer rechtsgeschäftlichen Vorwegbindung unterliegt.

Danach bleiben dem Vorstand des herrschenden Unternehmens nur zwei Möglichkeiten: Entweder begründet er die Voraussetzungen für eine Weisungsbindung des Tochtervorstands, insbesondere durch den Abschluß eines Beherrschungsvertrags (§ 308), oder er gibt sich damit zufrieden, daß die Konzernrichtlinie auf eine nur tatsächliche Observanz stößt, die der Vorstand der Tochter grundsätzlich oder für den Einzelfall aufkündigen kann. Damit es zu einer solchen tatsächlichen Observanz kommt, wird es vielfach erforderlich sein, daß der Inhalt der Informationsrichtlinie zwischen den beteiligten Vorständen im Vorfeld abgestimmt wird. Weil auch die Tochtergesellschaft an einem hinreichenden Informationsstand des herrschenden Unternehmens ein objektives Interesse hat und das herrschende Unternehmen über den Aufsichtsrat der Tochter Einfluß nehmen kann, dürfte ein Einverständnis regelmäßig erreichbar sein. Eine Vertraulichkeitsvereinbarung ist dafür nicht von Rechts wegen notwendig, kommt aber als Gestaltungsvariante in Betracht, wenn die Weitergabe oder das sonstige Bekanntwerden sensibler Daten Gegenstand nachvollziehbarer Befürchtungen sind.

V. Ergebnis

Zieht man nach allem eine Summe, so ergibt sich: Bei bloßer Abhängigkeit einer Tochter-AG oder bei ihrer faktischen Konzernierung gibt es keine über § 294 Abs. 3 HGB hinausgehende gesetzliche Informationspflicht. Anzuerkennen ist jedoch eine Informationsbefugnis des Tochtervorstands in dem Sinne, daß § 93 Abs. 1 S. 3 im Sonderrechtsverhältnis der §§ 311 ff. nicht gilt. Die Erteilung von Informationen an das herrschende Unternehmen unterliegt jedoch der Schutzfunktion des § 311. Das Gestaltungsmittel zur Einführung des hauptsächlich benötigten Berichtswesens ist die Konzernrichtlinie, die jedoch im vertragslosen Aktienkonzern auf ein Geltungsproblem stößt. Es kann deshalb nur eine tatsächliche Observanz geben, die das herrschende Unternehmen dem Tochtervorstand ermöglichen muß, die aber durchweg auch in seinem Interesse liegt und deshalb erreichbar ist.

Prof. Dr. Uwe Hüffer

Zur Umsetzung der Angebotspflicht bei einem Acting in Concert

Prof. Dr. Reinhard Marsch-Barner, Deutsche Bank AG

I. Einleitung

Seit dem 18. August 2008 steht das Risikobegrenzungsgesetz mit einer neuen, gegenüber der früheren Fassung erweiterten Definition des Acting in Concert im Bundesgesetzblatt[1]. Die beiden einschlägigen Vorschriften über das abgestimmte Verhalten beim Beteiligungserwerb (§ 22 Abs. 2 WpHG) und beim Erlangen der Kontrolle im Übernahmerecht (§ 30 Abs. 2 WpÜG) sind dabei gleichlautend geändert worden, obwohl eine unterschiedliche Regelung diskutiert wurde und vielleicht auch sinnvoller gewesen wäre. Bei den Mitteilungspflichten sind die Rechtsfolgen einer Verletzung durch die Verlängerung des Rechtsverlustes in § 28 WpHG verschärft worden. Beim Acting in Concert im Übernahmerecht (§ 30 Abs. 2 WpÜG) sind die Rechtsfolgen für den Fall einer Verletzung dagegen unverändert geblieben; eine Verschärfung ist hier nicht einmal diskutiert worden. Dies könnte darauf schließen lassen, dass die bisherige Rechtslage allgemein zufrieden stellt. Davon kann indessen keine Rede sein.

Ziel der Neuregelung war, den bisherigen Tatbestand des Acting in Concert, den der BGH in seiner WMF-Entscheidung[2] zu Recht auf die Stimmrechtsausübung in der Hauptversammlung beschränkt hatte, zu erweitern. Es soll auch ein Zusammenwirken außerhalb der Hauptversammlung des Emittenten bzw. der Zielgesellschaft erfasst werden, um die zunehmenden Einflussnahmen von Hedge-Fonds und anderen Finanzinvestoren auf die Geschäftsleitungen der Gesellschaften besser einfangen und in das gesetzliche Sanktionensystem einbinden zu können. Dies gilt vor allem für das Acting in Concert im Übernahmerecht, auf das ich mich im Folgenden beschränken will.

II. Acting in Concert nach § 30 Abs. 2 WpÜG n.F.

Ob das gesteckte Ziel erreicht wurde, ist zweifelhaft. Wie nicht anders zu erwarten, wirft die Erweiterung des Acting in Concert eine Reihe neuer Fragen auf, die erst noch geklärt werden müssen.

Nach der Neufassung des § 30 Abs. 2 WpÜG durch das Risikobegrenzungsgesetz liegt ein Acting in Concert vor, wenn der Bieter sein Verhalten in Bezug auf die

1 BGBl. I, S. 1666.
2 BGH ZIP 2006, 2077, 2079.

Zielgesellschaft mit einem Dritten auf Grund einer Vereinbarung oder in sonstiger Weise abstimmt. Vereinbarungen in Einzelfällen sind ausdrücklich ausgenommen. Ein abgestimmtes Verhalten setzt voraus, dass der Bieter und der Dritte sich über die Ausübung von Stimmrechten verständigen oder – hier beginnt die Erweiterung – mit dem Ziel einer dauerhaften und erheblichen Änderung der unternehmerischen Ausrichtung des Emittenten in sonstiger Weise zusammenwirken. Die frühere Fassung ist damit um den Tatbestand ergänzt, dass auch ein Zusammenwirken außerhalb der Hauptversammlung ein Acting in concert darstellt, wenn damit eine dauerhafte und erhebliche Änderung der unternehmerischen Ausrichtung der Zielgesellschaft angestrebt wird.

Damit sind in der Erweiterung gleich mehrere **unbestimmte Rechtsbegriffe** (dauerhafte und erhebliche Änderung, unternehmerische Ausrichtung) enthalten, die neu sind und erst noch konkretisiert werden müssen[3]. Im Hinblick auf die drohende Sanktion eines Bußgelds ist eine extensive Auslegung ausgeschlossen[4]. Auslegungsprobleme ergeben sich auch in Bezug auf die **Ausnahme von Einzelfällen**. Nach dem Wortlaut bezieht sich diese Ausnahme nur auf das Acting in Concert auf Grund einer Vereinbarung. Entsprechend dem bisherigen Verständnis erstreckt sich die Ausnahme aber auch auf die Abstimmung in sonstiger Weise, die jetzt im zweiten Satz näher umschrieben wird. Ein einmaliges Zusammenwirken zur Änderung der unternehmerischen Ausrichtung genügt nicht. Was dies praktisch bedeutet, hängt davon ab, wie der Einzelfall definiert wird, ob er inhaltlich oder mehr formal abgegrenzt wird.

Vor diesem Hintergrund kann man die Ankündigung der Hedge Fonds Atticus und TCI vom Anfang September, die bei der **Deutschen Börse AG** gemeinsam darauf dringen wollen, dass bestimmte Geschäftsbereiche veräußert werden, unterschiedlich sehen. Beschränkt sich das Bestreben z.B. auf den Verkauf der Eurex, wird trotz Änderung der unternehmerischen Ausrichtung ein Einzelfall vorliegen. Wird dagegen weiter verlangt, dass der Verkaufserlös über eine Sonderdividende oder ein Programm zum Aktienrückkauf ausgeschüttet wird, und dass zur Erreichung dieses Ziels notfalls der Aufsichtsrat neu besetzt werden soll, liegt jedenfalls bei formaler Betrachtung kein Einzelfall mehr vor[5].

Unabhängig von diesen Rechtsfragen gilt weiterhin, dass die BaFin im Streitfall ein Acting in Concert **nachweisen** muss. Bloße Indizien genügen nicht. Die BaFin muss belegen können, welche Absprachen oder welches sonst wie abgestimmte Verhalten vorgelegen hat. Die damit verbundenen Schwierigkeiten sind bekannt. Die BaFin hat zwar nach § 40 WpÜG bestimmte Auskunftsrechte. Diese reichen aber insbesondere bei Aktionären mit Sitz im Ausland nicht immer aus, um eine rasche und zuverlässige Aufklärung über die Art und Weise des Zusammenwirkens verschiedener Akteure zu erreichen. Von der Aufklärung des Sachverhalts hängt

3 S. dazu *v. Bülow/Stephanblome*, ZIP 2008, 1797, 1798.

4 Vgl. OLG Frankfurt ZIP 2004, 1309, 1312; LG Hamburg AG 2007, 177, 178; BGH ZIP 2006, 2077, 2079.

5 Zur Abgrenzung des Einzelfalls s. BGH ZIP 2006, 2077, 2079 f.

aber ab, ob überhaupt ein Acting in Concert angenommen werden kann. Die Untersuchungen, die 2005 im Zusammenhang mit den damaligen Einflussnahmen auf die Deutsche Börse geführt wurden, sind nicht gerade ermutigend.

Gelingt der Nachweis eines Acting in Concert, stellt sich die Frage, wie die daraus resultierenden Pflichten durchgesetzt werden können. Hier weist das geltende Recht eine Reihe offener Fragen auf, die durch das Risikobegrenzungsgesetz nicht geklärt worden sind. Dies betrifft vor allem die Pflicht zur Unterbreitung eines Angebotes gemäß § 35 Abs 2 WpÜG und die praktische Durchsetzung dieser Verpflichtung.

III. Pflicht zur Veröffentlichung und Angebotsabgabe (§ 35 WpÜG)

Beim Acting in Concert nach § 30 Abs. 2 WpÜG handelt es sich um eine **Zurechnungsnorm**. Die Aktien des Dritten werden dem Bieter zugerechnet. Schließen sich mehrere Personen in Form eines Acting in Concert zusammen, wird der Aktienbesitz eines jeden von ihnen wechselseitig zugerechnet. Erreicht der gemeinsame Aktienbesitz mindestens 30% der Stimmrechte, ist gemäß § 29 Abs. 2 WpÜG die Kontrolle über die betroffene Gesellschaft erreicht. Jeder beteiligte Aktionär ist dann Bieter im Sinne von § 30 Abs. 2 WpÜG. Damit stellt sich die Frage nach den Rechtsfolgen, die sich ergeben, wenn auf diese Weise mehrere Personen zusammen eine Kontrollposition in der Zielgesellschaft halten.

Das Gesetz regelt explizit nur den Fall, dass ein **einzelner Aktionär** die Kontrolle über die Zielgesellschaft erlangt. Dieser Aktionär ist dann nach § 35 Abs. 1 und Abs. 2 WpÜG verpflichtet, den Kontrollerwerb unverzüglich zu veröffentlichen und innerhalb von vier Wochen nach der Veröffentlichung der BaFin eine Angebotsunterlage zu übermitteln und diese nach Freigabe zu veröffentlichen. Über die Zurechnung nach § 30 Abs. 2 WpÜG ist jeder an einem Kontrollerwerb Beteiligte zur Veröffentlichung und zur Abgabe eines Angebotes verpflichtet.

Damit stellt sich zunächst die Frage, ob **alle Kontrollaktionäre zusammen** oder nur jeweils **einzeln** zur Veröffentlichung und zum Angebot verpflichtet sind. Richtiger Ansicht wird man hier differenzieren müssen: Soweit es um die Pflicht zur **Veröffentlichung** geht, muss jede Person, die allein oder auf Grund einer Zurechnung die Kontrolle erlangt, diesen Sachverhalt veröffentlichen[6]. Beim Acting in Concert ist somit eine Mehrzahl von Personen zur Mitteilung des Kontrollerwerbs verpflichtet. Dies entspricht der Rechtslage bei den Mitteilungspflichten nach dem WpHG. Wird dort aufgrund eines Acting in Concert die 30% Schwelle erreicht, ist dies von jedem Beteiligten gemäß §§ 21, 22 WpHG mitzuteilen[7]. Eine Ausnahme besteht nur im Konzernverbund. Danach kann das Mutterunternehmen die Veröffentlichung mit

6 *Noack*, in Schwark/Noack KMRK, 3. Aufl., § 38 WpÜG Rn. 22; *Baums/Hecker*, in Baums/Thoma WpÜG § 35 Rn. 292.

7 *Schwark*, in Schwark/Noack KMRK, 3. Aufl., § 22 WpHG Rn. 32.

befreiender Wirkung für die Tochter vornehmen (§ 24 WpHG). Eine entsprechende Regelung ist im WpÜG allerdings nicht enthalten, sodass hier selbst bei einer Konzernzurechnung jeweils eigene Veröffentlichungen erforderlich sein dürften[8].

Bei der weiteren Rechtsfolge, der **Pflicht** zur **Unterbreitung** eines **Angebots** ist dagegen zweifelhaft, ob dazu jeder Kontrollaktionär verpflichtet ist. Eine solche Verpflichtung würde bedeuten, dass den Aktionären gleich mehrere Angebote zu unterbreiten wären, unter denen diese dann wählen könnten. Eine Mehrzahl von Angeboten könnte dem Umstand widersprechen, dass es sich bei einem Acting in Concert um eine **gemeinsame Kontrollposition** handelt. Allerdings bestimmt das Gesetz eindeutig, dass jede Person, bei der die gesetzlichen Voraussetzungen vorliegen, ein Angebot zu unterbreiten hat. Daher ist auch beim Acting in Concert davon auszugehen, dass **jeder Beteiligte** zur Abgabe eines Angebots verpflichtet ist. Abgemildert wird dieser Grundsatz aber dadurch, dass das Angebot eines Kontrollaktionärs **befreiend** für die anderen wirkt[9]. Dies entspricht § 422 Abs. 1 BGB bei der Gesamtschuld[10]. Voraussetzung dafür ist allerdings, dass das Angebot den günstigsten Konditionen entspricht, die den Aktionären von einem der Kontrollinhaber gemäß § 31 WpÜG hätte angeboten werden müssen[11]. Sieht das Angebot eine Gegenleistung vor, wie sie nur von einem Kontrollinhaber geschuldet wird, ist ein anderer Kontrollinhaber dagegen z.B. aufgrund bestimmter Vorerwerbe zu einer höheren Gegenleistung verpflichtet, wirkt das Angebot für alle befreiend, wenn die höhere Gegenleistung angeboten wird. Diese sog. **Absorption** der Angebotspflicht ist nicht unbestritten. Nach der Gegenmeinung kommt eine Befreiung der übrigen Verpflichteten durch ein einzelnes ordnungsgemäßes Angebot nur in Betracht, wenn die BaFin den übrigen Verpflichteten eine entsprechende Befreiung erteilt[12]. In der Praxis wird es sich daher empfehlen, solche Fragen nicht ohne Abstimmung mit der BaFin zu entscheiden.

Anstelle eines einzelnen Angebots kann selbstverständlich auch ein **gemeinsames Angebot** abgegeben werden[13]. Dies kann z. B. in der Form geschehen, dass ein Verpflichteter für sich und zugleich in Vertretung der übrigen Verpflichteten das Angebot herauslegt[14]. Ein gemeinsames Angebot kann sogar geboten sein, wenn die am

8 *Krause/Pötzsch*, in Assmann/Pötzsch/Schneider, WpÜG § 35 Rn. 60; *Steinmeyer*, in Steinmeyer/Häger WpÜG 2. Aufl., § 35 Rn. 33; a.A. *v. Bülow*, in Kölner Komm WpÜG § 35 Rn. 133; *Noack*, in Schwark/Noack KMRK, 3. Aufl., § 35 WpÜG Rn. 22 für konzernverbundene Unternehmen.

9 So auch die BaFin, wenn die potentiellen Bieter Mutter- und Tochtergesellschaft sind.

10 *Krause/Pötzsch* in Assmann/Pötzsch/Schneider, WpÜG § 35 Rn. 196.

11 *Steinmeyer*, in Steinmeyer/Häger WpÜG 2. Aufl., § 35 Rn. 94; *v. Bülow*, in Kölner Komm WpÜG § 35 Rn. 171; *Krause/Pötzsch*, in Assmann/Pötzsch/Schneider, WpÜG § 35 Rn. 197; *Schlitt*, in MünchKomm WpÜG § 35 Rn. 50, 109.

12 *Baums/Hecker*, in Baums/Thoma WpÜG § 35 Rn. 293; *Ekkenga*, in Ehricke/Ekkenga/Oechsler WpÜG § 35 Rn. 49; *Harbarth*, ZIP 2002, 521, 523; *Hommelhoff/Witt*, in Haarmann/Schüppen, WpÜG 2. Aufl., § 35 Rn. 64 f.

13 *Noack*, in Schwark/Noack KMRK, 3. Aufl., § 35 WpÜG Rn. 23; *Krause/Pötzsch*, in Assmann/Pötzsch/Schneider, WpÜG § 35 Rn. 198.

14 *Steinmeyer*, in Steinmeyer/Häger WpÜG 2. Aufl., § 35 Rn. 33.

Acting in Concert Beteiligten eine **Gesellschaft bürgerlichen Rechts** bilden. Eine solche BGB-Gesellschaft kann auch konkludent zustande kommen. Da die BGB-Gesellschaft, wenn es sich um eine Außengesellschaft handelt, rechtsfähig ist, könnte diese zur Angebotsabgabe verpflichtet sein[15]. Eine entsprechende Verpflichtung besteht aber nur, wenn die Aktien der Zielgesellschaft, die die Kontrolle begründen, auch der BGB-Gesellschaft gehören. Dies wird bei einem Acting in Concert in aller Regel nicht der Fall sein. Im Normalfall bleiben die Aktien im Eigentum der beteiligten Akteure; eine BGB-Gesellschaft entsteht allenfalls als bloße Innengesellschaft. Es bleibt dann dabei, dass die Angebotspflicht nur den einzelnen Beteiligten und nicht in ihrem gesellschaftsrechtlichen Verbund obliegt.

Halten die an einem Acting in Concert Beteiligten eine **unterschiedlich hohe Quote** an der Zielgesellschaft, so stellt sich weiter die Frage, ob dies etwa dazu führt, dass nur der Beteiligte mit dem **höchsten Anteil** zur Abgabe eines Angebotes verpflichtet ist[16]. Eine entsprechende Ansicht wird vor allem bei einem schuldrechtlichen **Aktionärspool** vertreten. Vielfach wird das Mitglied, das die interne Stimmenmehrheit hält und damit den Pool **beherrscht**, als alleiniger Bieter angesehen[17]. Diese Auffassung geht auf den britischen City Code on Takeovers zurück, nach dem das Pflichtangebot beim Acting in Concert von dem Inhaber des höchsten Stimmenanteils, dem „principal member of the group", abzugeben ist[18]. Eine entsprechende Regelung gibt es im deutschen Recht aber nicht. Die Beteiligungsverhältnisse spielen nur bei den **Befreiungstatbeständen** des § 37 WpÜG i.V. m. § 9 Angebots-VO eine Rolle. Danach kann einzelnen Kontrollinhabern auch im Falle eines Acting in Concert Befreiung erteilt werden[19]. Dies kann vor allem für Beteiligte mit kleinerem Aktienbesitz relevant sein. Theoretisch kann allen Kontrollinhabern bis auf einen Befreiung erteilt werden, wenn sichergestellt ist, dass der verbleibende Aktionär, der möglicherweise die höchste Beteiligung hält, ein ordnungsgemäßes Pflichtangebot unterbreiten wird[20]. Aus der Möglichkeit einer solchen Befreiung ergibt sich aber keine Automatik, dass nur der Kontrollinhaber mit dem größten Anteilsbesitz das Pflichtangebot zu unterbreiten hat.

Inhaltlich unterscheidet sich das Pflichtangebot von einem **Übernahmeangebot** vor allem in zwei Punkten. Das Pflichtangebot muss im Unterschied zu einem Übernahmeangebot stets auf den Erwerb aller Aktien gerichtet sein. Ein **Teilangebot** ist **nicht zulässig** (§§ 19, 39 WpÜG). Ein Pflichtangebot darf außerdem, von behördlichen Genehmigungen abgesehen, **keine Bedingungen** enthalten, also z.B. nicht davon abhängig gemacht werden, dass eine bestimmte Mindestanzahl von Aktionären das Angebot annimmt (§§ 16 Abs. 2, 18 Abs. 1, 39 WpÜG).

15 Vgl. *Schlitt*, in MünchKomm WpÜG § 35 Rn. 47.

16 *Krause*, NJW 2002, 705, 713 f unter Hinweis auf Rule 9.2 des britischen City Code; zust. *Noack*, in Schwark/Noack KPMR, 3. Aufl., § 35 WpÜG Rn. 23.

17 *Schlitt*, in MünchKomm WpÜG § 35 Rn. 47 und 50.

18 Vgl. Rule 9.2 und Notes on Rule 9.2 City Code on Takeovers and Mergers.

19 *Hecker*, in Baums/Thoma WpÜG § 37 Rn. 63; *Hommelhoff/Witt*, in Haarmann/Schüppen, WpÜG § 37 Rn. 45; a.A. *Klepsch*, in Steinmeyer/Häger WpÜG 2. Aufl., § 37 Rn. 54.

20 *Hecker*, in Baums/Thoma WpÜG § 37 Rn. 63.

IV. Verpflichtung zur Zinszahlung (§ 38 WpÜG)

Verstößt ein Bieter gegen die Verpflichtung zur Veröffentlichung der Kontrollerlangung und der Abgabe eines Angebotes, so hat er den Aktionären der Zielgesellschaft für die Dauer des Verstoßes Zinsen auf die Gegenleistung in Höhe von 5 Prozentpunkten über dem Basiszinssatz nach § 247 BGB zu zahlen (§ 38 WpÜG). Dabei handelt es sich um eine **besondere Sanktionsnorm.** Die zusätzliche Zahlungspflicht verteuert das Pflichtangebot. Mit ihr soll zur pünktlichen Erfüllung der Verpflichtungen aus § 35 WpÜG angehalten werden[21].

Das Gesetz spricht dabei vom **Bieter**. Damit sind nach dem systematischen Zusammenhang alle Personen gemeint, die allein oder zusammen mit anderen der Veröffentlichungs- und Angebotspflicht nach § 35 WpÜG unterliegen[22]. Handelt es sich um **mehrere Personen**, die auf Grund eines Acting in Concert gleichzeitig die Kontrolle erlangt haben, so ist im Falle eines Verstoßes jeder zur Zinszahlung verpflichtet. Ergänzend gelten aber die Regeln über die Gesamtschuld. Die Erfüllung der Zahlungspflicht durch einen Verpflichteten hat demgemäß auch hier befreiende Wirkung zugunsten der anderen Verpflichteten (§ 421 BGB)[23]. Der interne Ausgleich unter den Verpflichteten richtet sich dann nach allgemeinen Grundsätzen, z.B. der Höhe der Beteiligung an der Zielgesellschaft.

Die Überschrift des § 38 WpÜG „Anspruch auf Zinsen" erweckt den Eindruck, dass die übrigen Aktionäre der Zielgesellschaft einen individuell einklagbaren Zinsanspruch gegen den oder die Kontrollaktionäre hätten. Tatsächlich stellt § 38 WpÜG aber **keine zivilrechtliche Anspruchsgrundlage** dar[24]. Die Verpflichtung zur Zinszahlung entsteht erst, wenn der oder die Verpflichtete(n) das Angebot unterbreiten. Die darin enthaltene Gegenleistung wird dann um den Zinsanspruch erhöht. § 38 WpÜG ergänzt somit § 31 WpÜG, in dem die zu gewährende Gegenleistung näher geregelt ist.

Dieses Verständnis ist nicht unumstritten. Nach verbreiteter Auffassung begründet § 38 WpÜG einen **selbständigen Zinsanspruch**, der sofort und nicht erst mit Beendigung des Verstoßtatbestands fällig wird. Dieser Zinsanspruch soll sofort eingeklagt und notfalls im Wege der Zwangsvollstreckung durchgesetzt werden können[25]. Dieses Konzept eines isolierten Zinsanspruchs berücksichtigt aber nicht, dass

21 OLG Frankfurt DB 2003, 2537, 2538 (Pro Sieben II)

22 *Schlitt*, in MünchKomm WpÜG § 38 Rn. 10.

23 *Hommelhoff/Witt*, in Haarmann/Schüppen WpÜG 2. Aufl., § 38 Rn. 30; *Meyer*, in Geibel/Süßmann § 38 WpÜG Rn. 2; *Schlitt*, in MünchKomm WpÜG § 38 Rn. 11; *Steinmeyer*, in Steinmeyer/Häger WpÜG 2. Aufl., § 38 Rn. 7; einschränkend *Kremer/Oesterhaus*, in KölnerKomm WpÜG § 38 Rn. 9: nur bei konzernverbundenen Unternehmen; abl. *Hecker*, in Baums/Thoma, WpÜG § 38 Rn. 16..

24 *Hommelhopff/Witt*, in Haarmann/Schüppen, WpÜG 2.Aufl., § 38 Rn. 4; *Steinmeyer*, in Steinmeyer/Häger WpÜG 2. Aufl., § 38 Rn. 4; *Simon*, NZG 2005, 541, 543; tendenziell auch BGH ZIP 2006, 2077, 2078; a.A. *Hecker*, in Baums/Thoma WpÜG § 38 Rn. 10; *Ihrig*, ZHR 167 (2003), 315, 347; *Kremer/Oesterhaus*, in Kölner Komm WpÜG § 38 Rn. 25.

25 *Schlitt*, in MünchKomm WpÜG § 38 Rn. 24;

bei einem Verstoß gegen die Veröffentlichungspflicht noch gar kein Angebot vorliegt und damit auch noch kein Anspruch auf Verzinsung der Gegenleistung entstehen kann[26]. Außerdem sind die Pflichten aus § 35 WpÜG öffentlich-rechtlicher Natur. Ihre Durchsetzung ist dementsprechend Sache der BaFin, nicht aber der einzelnen Aktionäre[27]. Wäre dies anders, müssten die übrigen Aktionäre in jedes Verfahren zur Befreiung vom Pflichtangebot mit einbezogen werden, weil im Falle einer Befreiung der selbständige Zinsanspruch aus § 38 WpÜG untergeht. Zuzugeben ist allerdings, dass das öffentlich-rechtliche Verständnis die Sanktionswirkung der Zinszahlungspflicht abschwächt. Ein sofort fälliger, individueller Anspruch gegen jeden Kontrollinhaber als Einzelschuldner wäre vermutlich effektiver. Dies entsprechend zu regeln, ist aber Sache des Gesetzgebers.

Die Bedeutung der Zinspflicht wird weiter dadurch reduziert, dass der zur Verzinsungspflicht führende Verstoß auf **Vorsatz** oder **Fahrlässigkeit** beruhen muss. Nach dem Gesetzeswortlaut entsteht der Anspruch zwar unabhängig vom Verschulden. Zu einem Verstoß gegen die Pflichten aus § 35 WpÜG kann es aber nur bei Kenntnis oder fahrlässiger Unkenntnis von der gemeinsamen Kontrollposition der im Verbund handelnden Aktionäre kommen[28]. Bei einem Acting in Concert mit dem Ziel, die unternehmerische Ausrichtung der Zielgesellschaft erheblich und dauerhaft zu ändern, kann es sehr unterschiedliche Auffassungen darüber geben, ob dieser Tatbestand überhaupt erfüllt ist oder nicht.

V. Rechtsverlust (§ 59 WpÜG)

Als weitere Sanktion gegen eine Verletzung der Pflichten aus § 35 WpÜG sieht § 59 WpÜG vor, dass die Rechte aus den Aktien der gemeinsam handelnden Kontrollinhaber für die Zeit der Zuwiderhandlung nicht bestehen. Dies betrifft vor allem das Stimmrecht. Der Anspruch auf die Dividende entfällt nur, wenn die Veröffentlichung und das Pflichtangebot vorsätzlich unterlassen und nicht nachgeholt worden sind.

Der Rechtsverlust besteht – im Unterschied zu § 28 WpHG – nur für die Dauer des Verstoßes, kann also bei rechtzeitiger Nachholung vermieden werden[29]. Wollen die Aktionäre, die sich zu einem Acting in concert zusammengeschlossen haben, in der **Hauptversammlung** der Zielgesellschaft mitstimmen, muss nicht nur die Kontrollerlangung veröffentlicht, sondern auch ein vollständiges Angebot unterbreitet werden. Dabei müssen alle Beteiligten ihre Pflichten erfüllt oder nachgeholt haben. Dies bedeutet, dass, wenn nur ein am Acting in Concert Beteiligter seine Veröffent-

26 *Ekkenga*, in Ehricke/Ekkenga/Oechsler WpÜG § 38 Rn. 3; *Mülbert/Schneider*, WM 2003, 2301, 2305; *Hommelhoff/Witt*, in Haarmann/Schüppen, WpÜG 2. Aufl., § 38 Rn. 4.

27 *Steinmeyer*, in Steinmeyer/Häger WpÜG 2. Aufl., § 38 Rn. 4.

28 *Hommelhoff/Witt*, in Haarmann/Schüppen, WpÜG 2. Aufl., § 38 Rn. 15.

29 Kritisch zur Möglichkeit der Nachholung *Wecker*, Die Beaufsichtigung öffentlicher Wertpapiererwerbs-, Übernahme- und Pflichtangebote, 2007, S. 279 ff.

lichungspflichten nicht erfüllt, der Rechtsverlust (fort-)besteht und zwar nicht nur bei den eigenen Aktien, sondern auch bei den Aktien der übrigen Beteiligten[30].

Rechtlich problematischer sind die Fälle, in denen zweifelhaft ist, ob überhaupt ein Acting in Concert vorliegt. Besteht der **Verdacht**, dass sich Aktionäre in relevanter Weise zusammengeschlossen haben, kann dies von anderen Aktionären zum Anlass genommen werden, die gefassten Beschlüsse der Hauptversammlung mit der Begründung **anzufechten**, dass ein Acting in Concert vorliege und die betroffenen Aktionäre deshalb nicht hätten mitstimmen dürfen[31]. Die Verletzung der Mitteilungspflichten ist schon jetzt ein häufiger Anlass, um wichtige Beschlüsse durch eine Anfechtungsklage zu blockieren und auf einen Vergleich mit der Gesellschaft zu spekulieren. Die Verletzung der Mitteilungspflichten wird dabei von einigen Gerichten als so schwerwiegend angesehen, dass ein solcher Verstoß im Rahmen eines Freigabeverfahrens auch nicht durch ein überwiegendes Vollzugsinteresse überspielt werden kann[32].

Das Acting in Concert bereitet auch in anderer Hinsicht Schwierigkeiten. Für die Beteiligten wird nicht immer klar sein, ob die Grenzen zu einer Zurechnung nach § 30 Abs. 2 WpÜG bereits überschritten sind. Ist ein gemeinsames Handeln vereinbart, steigt dann einer der Beteiligten aber wieder aus, erledigt sich das Acting in Concert damit nicht automatisch. Ein „Rücktritt vom Versuch" führt nur dann zur Befreiung, wenn dazu das Verfahren nach § 37 WpÜG durchgeführt wird. Ein solches Verfahren wird bei einem vorübergehenden Zusammenwirken aber kaum durchgeführt. Es können Fälle vorkommen, in denen die an einem Acting in Concert Beteiligten ihr gemeinsames Handeln **nicht offen legen,** gleichwohl aber die Rechte aus ihren Aktien einschließlich des Stimmrechts ausüben. Solange die Gesellschaft nichts von der gemeinsamen Kontrollposition erfährt, besteht in der Hauptversammlung kein Anlass, die betreffenden Aktionäre von den Abstimmungen **auszuschließen**. Besteht nur der Verdacht eines Acting in Concert, steht der Leiter der Hauptversammlung vor der Frage, ob er die betreffenden Aktionäre von der Abstimmung ausschließen darf. Ein solcher Schritt wird nur dann gerechtfertigt sein, wenn das Acting in Concert mehr oder weniger offenkundig ist. Ist dies nicht der Fall, ist die Teilnahme an der Abstimmung zuzulassen. Der Vorstand kann dann etwaigen unerwünschten Beschlüssen **widersprechen**, um zumindest die Möglichkeit einer Anfechtung zu wahren.

Bestehen keine Verdachtsmomente, stellt sich aber nach der Hauptversammlung heraus, dass Aktionäre an der Abstimmung teilgenommen haben, obwohl ihre Aktien nach § 59 WpÜG keinerlei Rechte vermittelt haben, können die gefassten Beschlüsse unter Umständen mangels Widerspruchs zu Protokoll oder wegen Ablaufs der Anfechtungsfrist nicht mehr angefochten werden. Es besteht dann nur die Mög-

30 *Ehricke*, in Ehricke/Ekkenga/Oechsler WpÜG § 59 Rn. 24; *Hommelhoff/Witt*, in Haarmann/Schüppen WpÜG 2. Aufl., § 59 Rn. 20; *Santelmann*, in Steinmeyer/Häger WpÜG 2. Aufl., § 59 Rn. 37; *Schlitt*, in MünchKomm WpÜG § 59 Rn. 24.

31 Vgl. dazu *Schockenhoff/Wagner*, NZG 2008, 361, 364 f.

32 OLG München NZG 2005, 1017.

lichkeit, die Hauptversammlung unter Ausschluss der nicht teilnahmeberechtigten Kontrollaktionäre zu **wiederholen**. Etwas anderes würde nur gelten, wenn die unzulässige Ausübung des Stimmrechts ein Nichtigkeitsgrund nach § 241 Nr. 3 AktG wäre. Dies ist aber nicht der Fall, weil das Fehlen des Stimmrechts nicht den Inhalt der gefassten Beschlüsse betrifft[33].

VI. Höhe der Gegenleistung (§§ 31, 39 WpÜG)

Eine andere ungeklärte Frage betrifft die im Pflichtangebot vorgesehene Gegenleistung. Die Gegenleistung muss - wie beim Übernahmeangebot - der Art und Höhe nach angemessen sein. Für die Höhe ist dabei entscheidend, **wann** die **Kontrollerlangung veröffentlicht** worden ist. Untergrenze ist nämlich der durchschnittliche Börsenkurs während der letzten drei Monate vor der Veröffentlichung (§§ 5-7 WpÜG-AngebotsVO). Evtl. erhöhend zu berücksichtigen sind dabei die Aktienerwerbe, die zu dem Acting in Concert geführt haben. Fraglich ist, wie die Rechtslage zu beurteilen ist, wenn die Kontrollaktionäre die Veröffentlichung ihrer gemeinsamen Position **bewusst verzögern**, weil sie ein Fallen der Kurse erwarten oder die Berücksichtigung bestimmter Vorerwerbe ausschließen wollen. In solchen Fällen ist es angebracht, abweichend vom Gesetzeswortlaut nicht auf die tatsächliche Veröffentlichung, sondern auf den **Zeitpunkt** abzustellen, zu dem die Kontrollerlangung spätestens **hätte veröffentlicht** werden **müssen**. Dies ist der siebte Tag nach der Kontrollerlangung (§ 35 Abs. 1 Satz 1 WpÜG)[34]. Diese Modifikation der gesetzlichen Regelung gilt aber nicht für den umgekehrten Fall. Wird die Veröffentlichung der Kontrolle bei steigenden Kursen verzögert, sollte es bei der höheren Gegenleistung bleiben, die sich ausgehend von den Kursen im Zeitpunkt der tatsächlichen Veröffentlichung ergibt. Damit ist alternativ auf den Zeitpunkt, zu dem die Veröffentlichungsfrist abgelaufen ist, und den Zeitpunkt der tatsächlichen Veröffentlichung abzustellen. Die jeweils höhere Gegenleistung ist maßgebend. Gerichtlich bestätigt ist diese Differenzierung allerdings bislang nicht.

VII. Einschreiten der BaFin (§ 4 Abs. 1 Satz 3 WpÜG)

Zu fragen bleibt schließlich, wie ein Pflichtangebot, das entgegen der gesetzlichen Verpflichtung überhaupt nicht abgegeben wird, dennoch durchgesetzt werden kann. Teilweise wird die Auffassung vertreten, dass die Aktionäre dann ein Recht auf **Andienung** ihrer Aktien gegenüber dem Bieter und einen Anspruch auf **Abschluss eines Kaufvertrages** hätten. Bei einem Acting in Concert müsse dieses Recht jedem

33 *Hommelhoff/Witt*, in Haarmann/Schüppen WpÜG 2. Aufl., § 59 Rn. 47.

34 *Baums/Hecker*, in Baums/Thoma WpÜG § 39 Rn. 37; *v. Bülow*, in Kölner Komm WpÜG § 39 Rn. 22.

Kontrollaktionär gegenüber bestehen. Die Aktionäre hätten dann ein Wahlrecht, wem sie ihre Aktien anbieten wollen. Ich halte diese Sichtweise nicht für zutreffend. § 35 WpÜG begründet bestimmte öffentlich-rechtliche Pflichten, ist aber **keine Grundlage für zivilrechtliche Ansprüche**[35]. Schon der Wortlaut der Vorschrift steht dem entgegen. Etwas anderes lässt sich auch nicht aus der **Treuepflicht** der Aktionäre oder einem auf Abfindung gerichteten **gesetzlichen Schuldverhältnis** ableiten. § 35 WpÜG ist m.E. auch **kein Schutzgesetz** im Sinne von § 823 Abs. 2 BGB, dessen Verletzung zu Schadensersatzansprüchen führt. Es gibt keinerlei Anzeichen dafür, dass der Gesetzgeber mit der Verpflichtung nach § 35 WpÜG individuelle Ersatzansprüche begründen wollte. Dementsprechend sind in § 1 Abs. 1 Nr. 2 des KapMuG auch nur Erfüllungsansprüche aus Verträgen aufgenommen worden, die auf einem Angebot nach dem WpÜG beruhen. Der Abschluss solcher Verträge wird nicht erfasst, weil, wie es in der Gesetzesbegründung zutreffend heißt, das WpÜG Individualansprüche auf den Abschluss solcher Verträge nicht vorsieht[36].

Der Konzeption des WpÜG entsprechen allein **öffentlich-rechtliche Sanktionen**. Diese sind aber nur begrenzt im Gesetz enthalten. So kann die BaFin gemäß § 60 Abs. 1 Nr. 1a WpÜG ein **Bußgeld** verhängen, wenn die Pflichten aus § 35 WpÜG nicht erfüllt werden. Die Höhe eines solchen Bußgeldes kann zwar bis zu einer 1 Mio Euro betragen (§ 60 Abs. 3 WpÜG). Diese Höchstgrenze ist aber nur für die denkbar schwersten Verletzungen gedacht. Für einfache Verletzungen kommen nur deutlich niedrigere Beträge in Betracht.

Hinzukommt der **Rechtsverlust** aus den Aktien (§ 59 WpÜG), der – wie gesehen – u.U. jedoch nicht zum Tragen kommt. Auch die präventive Wirkung der **Verzinsungspflicht** (§ 38 WpÜG) hält sich in Grenzen, zumal diese erst eingreift, wenn überhaupt ein Angebot unterbreitet wird. Damit läuft alles auf die Frage hinaus, ob die BaFin die **Abgabe** eines Pflichtangebots **erzwingen** kann. Ob und wie dies geschehen könnte, ist im Gesetz nicht geregelt. Diskutiert wird zwar, ob nicht die **allgemeine Missbrauchsaufsicht** gemäß § 4 WpÜG eine Rechtsgrundlage für Zwangsmittel wie die Verhängung eines Zwangsgeldes oder gar die Anordnung eines bestimmten Pflichtangebots und erforderlichenfalls auch dessen Ersatzvornahme sein kann[37]. § 4 Abs. 1 Satz 3 WpÜG bietet dafür aber keine hinreichende Rechtsgrundlage. Die Unterlassung eines Pflichtangebots begründet noch keinen Missstand im Sinne des Gesetzes. Die BaFin nimmt ihre Aufgaben auch nur im öffentlichen Interesse wahr (§ 4 Abs. 2 WpÜG). Wird ein Pflichtangebot unterlassen, werden die

35 *Steinmeyer*, in Steinmeyer/Häger WpÜG 2. Aufl., § 35 Rn. 108; *Hommelhoff/Witt*, in Haarmann/Schüppen WpÜG 2. Aufl., § 35 Rn. 5; offen lassend OLG Frankfurt ZIP 2003, 1297, 1300 (ProSiebenSat 1 I) und ZIP 2003, 2254, 2257 (Berliner Effektengesellschaft).

36 Vgl. RegE eines Gesetzes zur Einführung von Kapitalanleger-Musterverfahren, BR-Drucks. 2/05 S. 42.

37 So z.B *Hommelhoff/Witt*, in Haarmann/Schüppen WpÜG 2. Aufl., § 35 Rn. 104; *Krause/Pötzsch*, in Assmann/Pötzsch/Schneider, WpÜG § 35 Rn. 248 sowie *Habersack*, in Emmerich/Habersack, Aktien- und GmbH-Konzernrecht, Vor § 311 Rn. 24, jeweils m.w.N.

Interessen der Öffentlichkeit dadurch in aller Regel nicht tangiert sein[38]. Können die am Acting in Concert Beteiligten keine Finanzierungsbestätigung (§ 13 WpÜG) erlangen, würde zudem selbst eine Anordnung zur Angebotsabgabe ins Leere laufen.

Als Fazit ergibt sich damit die Feststellung, dass die Sanktionen zur Durchsetzung eines Pflichtangebots relativ schwach ausgebildet sind. Damit bleiben auch die Regelungen zum Acting in Concert von den Rechtsfolgen her eine lex imperfecta. Für den Umgang mit aggressiven Finanzinvestoren bieten sie keine durchgreifende Handhabe. Im Zusammenhang mit dem Vorgehen aktivistischer Finanzinvestoren ist eine Diskussion der aktienrechtlichen Fragen möglicherweise erfolgversprechender. Dies betrifft vor allem die aktienrechtliche Kompetenzordnung, insbesondere die alleinige Zuständigkeit und Weisungsunabhängigkeit des Vorstandes bei der Leitung der Gesellschaft (§ 76 AktG). Sollen die Gesellschaften besser vor Einflussnahmen geschützt werden, durch die der Gesellschaft dauerhafte Nachteile entstehen, könnte auch über eine Erweiterung des § 117 AktG zum Schutz gegen schädliche Einflußnahmen nachgedacht werden. Dies ist dann aber eine ganz andere Thematik, die vielleicht auf dem nächsten Geburtstag von Herrn Riegger diskutiert werden kann.

Prof. Dr. Reinhard Marsch-Barner

[38] *Baums/Hecker*, in Baums/Thoma WpÜG § 35 Rn. 295; *Cahn*, ZHR 167 (2003), 262, 265 ff; *Schlitt*, in MünchKomm WpÜG § 35 Rn. 242; a.A. *v. Bülow*, in Kölner Komm WpÜG § 35 Rn. 187; *Krause/Pötzsch*, in Assmann/Pötzsch/Schneider, WpÜG § 35 Rn. 248; *Steinmeyer*, in Steinmeyer/Häger WpÜG 2. Aufl., § 35 Rn. 114.

Der Bestätigungsbeschluss

Dr. Dirk Wasmann, Gleiss Lutz

Sehr geehrte Damen und Herren,
lieber Herr Riegger,

unser Geburtstagskind gilt – und das völlig zu recht – als großer Dogmatiker des Gesellschaftsrechts. Gerade die dogmatisch besonders schwierigen Fragen und Rechtsinstitute interessieren und faszinieren unseren Jubilar, und zu diesen Gebilden gehört meines Erachtens der aktienrechtliche Bestätigungsbeschluss, der mit dem Aktiengesetz von 1965 erstmals gesetzlich geregelt wurde. Deshalb möchte ich über diesen sprechen. Er eignet sich für einen Vortrag auch deshalb ganz besonders, weil er in nur einem Paragraphen mit nur einem Absatz geregelt ist, nämlich in § 244 AktG. Dieser ist noch dazu so kurz, dass man ihn ohne weiteres vorlesen kann.

§ 244 Satz 1 AktG lautet:

> „Die Anfechtung kann nicht mehr geltend gemacht werden, wenn die Hauptversammlung den anfechtbaren Beschluss durch einen neuen Beschluss bestätigt hat und dieser Beschluss innerhalb der Anfechtungsfrist nicht angefochten oder die Anfechtung rechtskräftig zurückgewiesen worden ist."

In Satz 2 heißt es:

> „Hat der Kläger ein rechtliches Interesse, dass der anfechtbare Beschluss für die Zeit bis zum Bestätigungsbeschluss für nichtig erklärt wird, so kann er die Anfechtung weiterhin mit dem Ziel geltend machen, den anfechtbaren Beschluss für diese Zeit für nichtig zu erklären."

Ähnlichkeit hat § 244 AktG mit § 144 BGB, wonach die Anfechtung – und zwar die Anfechtung wegen Willensmängeln nach §§ 119 ff. BGB – ausgeschlossen ist, wenn das anfechtbare Rechtsgeschäft von dem Anfechtungsberechtigten bestätigt wird. Und in der Tat war diese Bestimmung Vorbild für § 244 AktG, wie sich aus der Entstehungsgeschichte der Norm und der Gesetzesbegründung ergibt.[1]

Worum geht es beim Bestätigungsbeschluss, welche Vorteile und welche Nachteile hat er, und warum sollte der Gesetzgeber ihn entgegen neuerdings erhobenen Forderungen nicht abschaffen?

Mit diesen Fragen werde ich mich befassen und muss dazu etwas ausholen.

Die Hauptversammlung einer Aktiengesellschaft bildet und äußert ihren organschaftlichen Willen bekanntlich durch Beschluss. Für die Beschlüsse der Hauptversammlung gilt das Mehrheitsprinzip. Beschlüsse bedürfen mindestens der einfachen

[1] Vgl. *Kropff,* AktG 1965, S. 331 f.

Mehrheit der abgegebenen Stimmen, wie sich aus § 133 Abs. 1 AktG ergibt, bei grundlegenden oder besonders bedeutsamen Maßnahmen einer größeren, qualifizierten Mehrheit, etwa bei Satzungsänderungen und Strukturmaßnahmen (vgl. z.B. §§ 179, 293 AktG). Die Minderheit muss sich also der Mehrheit beugen.

Die überstimmte Minderheit, der überstimmte Minderheitsaktionär, ist aber nicht rechtlos gestellt. „Der einzelne Aktionär hat ein Recht darauf, daß von den Gesellschaftsorganen den gesetzlichen Bestimmungen gemäß verfahren werde, und kann zur Realisierung dieses Rechts die richterliche Hilfe anrufen". Dieser Satz des Reichsgerichts aus seinem Beschluss vom 19. Februar 1881 (RGZ 3, 123, 126) gilt noch heute: Aktionäre können, auch wenn sie nur eine von noch so vielen Aktien halten, gerichtlich klären lassen, ob ein Beschluss in formeller und materieller Hinsicht mit Gesetz und Satzung im Einklang steht.

Leidet ein Beschluss an einem besonders schwerwiegenden, im Gesetz im Einzelnen aufgeführten Mangel, ist er nichtig, und der Aktionär kann die Nichtigkeit mit der aktienrechtlichen Nichtigkeitsklage feststellen lassen (vgl. insbesondere § 249 AktG). Ein nichtiger Beschluss ist nicht bestätigungsfähig, vielmehr kommt hier nur eine Neuvornahme in Betracht. Das steht im Einklang mit § 141 BGB, wonach die Bestätigung eines nichtigen Rechtsgeschäfts als Neuvornahme gilt.

Ein weniger gravierender Beschlussmangel führt nicht zur Nichtigkeit, kann aber einen Anfechtungsgrund darstellen (vgl. §§ 243, 246 AktG). Ein Anfechtungsgrund führt, anders als ein Nichtigkeitsgrund, nicht per se zur Nichtigkeit des Beschlusses, sondern nur zur Anfechtbarkeit. Wird keine Anfechtungsklage erhoben, ist und bleibt der Beschluss daher wirksam. Auch die Erhebung einer Anfechtungsklage ändert daran zunächst nichts. Hält das Gericht die Anfechtungsklage aber für begründet, wird der Beschluss – verkürzt gesagt – mit Wirkung für jedermann grundsätzlich rückwirkend für nichtig erklärt (vgl. § 248 AktG). Die Anfechtungsklage ist also eine Gestaltungsklage.

Für die den Beschluss fassende Mehrheit und die Organe, die den Beschluss umsetzen wollen, insbesondere den Vorstand, sind solche Klagen besonders dann misslich, wenn sie die Umsetzung der beschlossenen Maßnahme zunächst einmal verhindern, und zwar auch dann, wenn sich die Klagen am Ende aller Tage als unbegründet erweisen, wie wir es so häufig erleben. Misslich ist die Anfechtungsklage insbesondere bei solchen Beschlüssen, die zu ihrer Umsetzung der Eintragung im Handelsregister bedürfen, deren Eintragung eine erhobene Anfechtungsklage aber kraft Gesetzes entgegen steht. Wir sprechen dann von einer Registersperre. Gerade bei solchen Maßnahmen werden Anfechtungsklagen aber besonders häufig, ja, man kann sagen, praktisch immer erhoben.[2]

2 Schon in der Begründung zum Aktiengesetz von 1884 heißt es: „Das Recht eines Jeden zur Anfechtung ist ein zweischneidiges Mittel, welches Chikanen und Erpressungen Thür und Thor öffnet" (abgedruckt bei *Schubert/Hommelhoff*, 100 Jahre modernes Aktienrecht, S. 467), abgedruckt bei *Kropff*, AktG 1965, S. 331.

„Eine Anfechtungsklage kann die Entwicklung der Gesellschaft hemmen, weil Jahre vergehen können, bis über die Anfechtungsklage rechtskräftig entschieden ist"; so heißt es wörtlich in der Begründung des Regierungsentwurfs zu § 244 AktG. Und so werden es viele von Ihnen schon erlebt haben.

Will die verklagte Gesellschaft den durch die Anfechtungsklage hervorgerufenen Schwebezustand beenden, ohne einen möglicherweise in weiter Ferne stehenden rechtskräftigen Abschluss des Verfahrens abzuwarten oder einen – oft teuren – Vergleich zu schließen, liegt es an sich nahe, dass sie den angegriffenen Beschluss – unter Aufhebung des angegriffenen Beschlusses – schlicht neu fassen lässt in der Hoffnung, dass dieser neu gefasste Beschluss nicht seinerseits angefochten wird. Die Neuvornahme ist aber oft unmöglich, in den wenigsten Fällen hilfreich. Dies zeigt etwa der Fall des Squeeze out: Wird auf Verlangen des Hauptaktionärs, dem Aktien in Höhe von mindestens 95% des Grundkapitals gehören, der Beschluss gefasst, die Aktien der Minderheitsaktionäre auf den Hauptaktionär zu übertragen, was zum Ausscheiden der Minderheitsaktionäre führt (vgl. §§ 327a ff. AktG), ist den Minderheitsaktionären dafür eine angemessene Barabfindung zu gewähren; die Barabfindung muss dem vollen Wert ihrer Aktien entsprechen (§§ 327a, b AktG). Dieser Wert ist auf den Tag der Hauptversammlung zu ermitteln (§ 327b Abs. 1 Satz 1 Hs. 2 AktG). Wir sprechen insoweit vom Stichtagsprinzip. Der Hauptaktionär hat der Hauptversammlung dazu einen schriftlichen Bericht zu erstatten, in dem unter Anderem die Angemessenheit der Barabfindung zu erläutern und zu begründen ist (§ 327c Abs. 2 Satz 1 AktG). Zudem ist die Angemessenheit der Barabfindung durch einen oder mehrere sachverständige Prüfer zu prüfen, die vom Gericht ausgewählt und bestellt werden und ihrerseits einen Prüfungsbericht zu erstatten haben (§§ 327c Abs. 2 Sätze 2 ff., 293e AktG). Squeeze-out-Beschlüsse werden regelmäßig angefochten. Die Anfechtung bewirkt die Registersperre, d.h. der Übertragungsbeschluss darf zunächst nicht im Handelsregister eingetragen werden (§§ 327e Abs. 2, 319 Abs. 5 AktG). Erst mit der Eintragung des Beschlusses gehen die Aktien aber auf den Hauptaktionär über (§ 327e Abs. 3 AktG). Würde man nun den Übertragungsbeschluss erneut fassen, bedürfte es einer erneuten Bewertung, mithin auch einer neuen Berichterstattung und Prüfung. Das ist ersichtlich kompliziert. Es liegt daher nahe, dass nach anderen Möglichkeiten gesucht wurde und wird, solche angefochtenen Beschlüsse „zu retten", und zu diesen Rettungsmöglichkeiten gehört der Bestätigungsbeschluss.

Der Bestätigungsbeschluss ermöglicht es nämlich der Mehrheit, dem Ausgangsbeschluss die Anfechtbarkeit ein für allemal zu nehmen, also auch einen Beschluss, der aufgrund erhobener Anfechtungsklage nur schwebend wirksam ist, trotz möglicherweise tatsächlich bestehendem Anfechtungsgrund dauerhafte Wirksamkeit zu verschaffen. Für den klagenden Aktionär ist dies nicht unbillig, wenn und weil der Zweck seiner Anfechtung, eine fehlerfreie Beschlussfassung zu gewährleisten, durch den Bestätigungsbeschluss erreicht wird. Der Minderheitsaktionär hat ja keinen Anspruch darauf, dass nicht gegen seinen Willen entschieden werde. Er hat nur den Anspruch darauf, dass dies nicht rechtswidrig geschieht. Dieser Anspruch wird erfüllt, wenn ein wirksamer Bestätigungsbeschluss gefasst wird. Bestätigungsbeschlüsse können also Rechtssicherheit schaffen, ohne Minderheitsaktionäre unbillig in ihren Rechten zu beeinträchtigen.

Ich möchte Ihnen dies an einem Beispiel verdeutlichen:

In der zweitägigen Hauptversammlung der Wella AG vom 13./14. Dezember 2005 wurde am 14. Dezember 2005 der Beschluss gefasst, die Aktien der Minderheitsaktionäre gegen eine bestimmte Barabfindung auf den Hauptaktionär, eine Gesellschaft des Procter & Gamble-Konzerns, zu übertragen. Gegen diesen Beschluss wurden zahlreiche Anfechtungsklagen erhoben, die wegen der dadurch ausgelösten Registersperre der Eintragung des Übertragungsbeschlusses und damit dem Übergang der Aktien auf den Hauptaktionär entgegen standen. Die Klagen waren mit den üblichen Standardrügen begründet, etwa mit der Behauptung der Verfassungswidrigkeit der Squeeze-out-Regelungen, angeblicher Berichtsmängel, der angeblichen Nichtbeantwortung von Fragen und so weiter und so fort. Daneben war gerügt worden, dass die durchgeführten Taschenkontrollen eine zur Anfechtung führende Teilnahmerechts- und damit Gesetzesverletzung darstellten. Damit hat es folgendes auf sich:

Es ist heute jedenfalls in den Hauptversammlungen großer und größerer Gesellschaften üblich, dass sich Aktionäre vor Einlass in den Versammlungsraum einer Sicherheitskontrolle unterziehen müssen. Üblicherweise gehören dazu auch Taschenkontrollen.[3]

Regelmäßig werden diese Kontrollen so durchgeführt, wie Sie es von Flughäfen kennen, d.h. die Aktionäre müssen eine Sicherheitsschleuse durchschreiten, und mitgebrachte Taschen werden auf einem Laufband durchleuchtet. Bei der Wella AG fanden die Taschenkontrollen auf andere Weise statt, nämlich durch eine – allerdings sehr oberflächliche – Einsichtnahme in die Taschen selbst durch Sicherheitskräfte. Einem Aktionär, der sich dieser Kontrolle verweigerte, wurde der Zutritt zur Hauptversammlung verwehrt. Er und etliche Mitkläger rügten daher eine unzulässige Teilnahmeverweigerung. Um trotz der Anfechtungsklagen die Eintragung des Übertragungsbeschlusses zu erreichen, leitete die Wella AG ein sogenanntes Freigabeverfahren ein (vgl. §§ 327e Abs. 2, 319 Abs. 6 AktG). Es handelt sich hierbei um eine besondere Form des einstweiligen Rechtsschutzes, die erstmals mit dem Umwandlungsgesetz von 1994 eingeführt wurde und mittlerweile für weitere Strukturmaßnahmen vorgesehen ist, insbesondere auch den Squeeze-out. Danach darf das Registergericht trotz rechtshängiger Anfechtungsklagen den Übertragungsbeschluss insbesondere dann eintragen, wenn durch das Prozessgericht rechtskräftig festge-

3 Vgl. zur Zulässigkeit solcher Kontrollen: AG München AG 1995, 335; *Butzke,* in: Obermüller/Werner/Winden, Die Hauptversammlung der Aktiengesellschaft, 4. Aufl., S. 127; *Ek*, Praxisleitfaden für die Hauptversammlung, 2005, S. 101; *Kubis,* in: MüKo AktG, 2. Aufl., § 119 Rn. 123; *Max,* AG 1991, 77, 81; *Martens*, Leitfaden für die Leitung der Hauptversammlung einer Aktiengesellschaft, 3. Aufl., S. 42 f.; *Schaaf,* Die Praxis der Hauptversammlung, 2. Aufl., S. 151 ff.; *Kubis* (a.a.O.) bejaht sogar einen Anspruch des Aktionärs gegen die Gesellschaft auf Durchführung solcher Kontrollen!

stellt wird, dass die Klagen entweder unzulässig oder nach seiner Prognose offensichtlich unbegründet sind oder wenn die alsbaldige Eintragung nach freier Überzeugung des Prozessgerichts unter Berücksichtigung der Schwere der mit den Klagen geltend gemachten Rechtsverletzungen zur Abwendung der von der Gesellschaft dargelegten Nachteile für sie und ihre Aktionäre vorrangig erscheint (§§ 327e Abs. 2, 319 Abs. 6 AktG). Dafür sieht das Gesetz nur einen zweigliedrigen Instanzenzug vor (Landgericht und Oberlandesgericht, vgl. § 319 Abs. 6 AktG). Leider verlor die Wella AG dieses Freigabeverfahren, weil sowohl das Landgericht Frankfurt am Main als Ausgangsinstanz[4] als auch das Oberlandesgericht Frankfurt als Beschwerde- und Letztinstanz[5] in der Zurückweisung eines Aktionärs wegen Verweigerung der praktizierten Taschenkontrolle eine Teilnahmerechtsverletzung sahen, die zwar kein Nichtigkeitsgrund sei, aber ein Anfechtungsgrund. Zudem könne sie wegen ihrer besonderen Schwere auch nicht durch noch so gewichtige wirtschaftliche Interessen der Gesellschaft und ihrer anderen Aktionäre an der Eintragung aufgewogen werden. Entweder hätte die Wella AG die Taschen nur mit Durchleuchtungsgeräten prüfen dürfen, oder es hätten Schließfächer bereitgehalten werden müssen, in denen Aktionäre ihre Taschen hätten verstauen können, so die beiden Gerichte.

Als das Freigabeverfahren verloren war, stellte sich die Frage, wie es weitergehen sollte:

Bis zum rechtskräftigen Abschluss des Hauptsacheverfahrens wollte man nicht warten. Das Hauptsacheverfahren ist übrigens bis heute nicht beendet. Natürlich wäre es in Betracht gekommen, der Hauptversammlung die Aufhebung des angefochtenen Beschlusses und die Neufassung des Übertragungsbeschlusses vorzuschlagen. Dazu hätte es aber – wie ausgeführt – wegen des Stichtagsprinzips einer erneuten Bewertung bedurft, insbesondere also eines erneuten Bewertungsgutachtens, eines erneuten Berichts und auch einer erneuten Prüfung, was jeweils mit erheblichen Kosten verbunden gewesen wäre. Es hätte sich dann auch eine ganz andere Barabfindung ergeben können als ursprünglich festgelegt.

Statt dessen wurde der am 27. Februar 2007 stattfindenden Hauptversammlung der Wella AG folgender Beschlussvorschlag unterbreitet.

> „Der zu Punkt 2 der Tagesordnung der ordentlichen Hauptversammlung am [soundsovielten] gefasste Beschluss mit folgendem Inhalt: ... [folgt Wiedergabe des Wortlauts des Ausgangsbeschlusses] wird gemäß § 244 Satz 1 AktG bestätigt."

Es wurde also nicht erneut ein Übertragungsbeschluss gefasst, sondern ein bloßer Bestätigungsbeschluss zum angefochtenen Ausgangsbeschluss. Dabei muss ich wohl nicht eigens betonen, dass die Taschenkontrollen bei dieser Hauptversammlung nicht von Hand, sondern mit Durchleuchtungsgeräten durchgeführt wurden, wie es Landgericht und Oberlandesgericht Frankfurt ja ausdrücklich als zulässig bezeichnet hatten. Der von den Gerichten behauptete Verfahrensfehler wurde damit vermieden,

4 LG Frankfurt am Main, Beschluss vom 10. Oktober 2006, Az. 3-5 O 91/06.

5 OLG Frankfurt am Main, Beschluss vom 16. Februar 2007, Az. 5 W 43/06.

das Interesse der Kläger an fehlerfreier Beschlussfassung auch aus der Sicht dieser Gerichte gewahrt.

Da es sich beim Bestätigungsbeschluss um eine bloße Geltungserklärung handelt, sein Inhalt also schlicht auf die Bestätigung eines schon gefassten, angefochtenen Beschlusses gerichtet ist, hier auf die Bestätigung des in der vorangegangenen Hauptversammlung gefassten Übertragungsbeschlusses, bedurfte es für diesen Beschluss nach richtiger Ansicht keiner erneuten Festsetzung einer Barabfindung, mithin auch keiner erneuten Bewertung und keiner neuerlichen Prüfung. Es war auch entbehrlich, für den Bestätigungsbeschluss aktualisierte Berichte zu erstellen, die etwa dazu Stellung nehmen, ob die zum Stichtag der Ausgangshauptversammlung erstellte Bewertung auch am Tag der Fassung des Bestätigungsbeschlusses noch angemessen ist. Denn es handelt sich ja gerade nicht um eine Neuvornahme, sondern eben nur um die Bestätigung eines längst gefassten Beschlusses, für den nur die Sach- und Rechtslage zum Zeitpunkt des Ausgangsbeschlusses relevant war und ist.[6]

Anders formuliert: „**Was** als Wille der Körperschaft Geltung haben soll, bestimmt sich allein nach dem bestätigten Beschluss; die Bestätigung besagt nur, **dass** er unanfechtbar sein soll."[7]

Demgemäß wurde der Bestätigungsbeschluss in der Wella AG gefasst, ohne dass aktualisierte Berichte oder ein gesonderter schriftlicher Bestätigungsbericht vorgelegt worden waren.

Darin liegt ersichtlich eine ganz erhebliche Erleichterung gegenüber der Fassung eines erneuten Übertragungsbeschlusses.

Das eigentliche Ziel, die Übertragung der Aktien zu erreichen, war durch diesen Bestätigungsbeschluss aber leider noch nicht erreicht.

Denn nach § 244 Satz 1 AktG kann die Anfechtung aufgrund des Bestätigungsbeschlusses nur dann nicht mehr geltend gemacht werden, wenn der Bestätigungsbeschluss innerhalb der Anfechtungsfrist nicht seinerseits angefochten oder die Anfechtung rechtskräftig zurückgewiesen worden ist. In Fällen, in denen der Ausgangsbeschluss angefochten wird, wird aber üblicherweise auch der Bestätigungsbeschluss angefochten, und so war es auch im Wella-Fall. Statt eines Anfechtungsverfahrens – nämlich des Verfahrens zum Ausgangsbeschluss – hatte man nunmehr zwei Anfechtungsverfahren, also scheinbar keine Beschleunigung und Vereinfachung, sondern im Gegenteil vordergründig eine weitere Verzögerung. Weil diese Entwicklung regelmäßig zu erwarten ist, wird in der Literatur zunehmend gefordert, den Bestätigungsbeschluss abzuschaffen. Auch sei das rechtspolitische Bedürfnis für

6 BGH WM 2004, 327, 328 f.; KG Berlin NZG 2008, 29, 30; OLG München ZIP 1997, 1743, 1745 f.; OLG Dresden AG 2001, 489, 490; OLG Karlsruhe AG 1999, 470; LG Frankfurt am Main AG 2007, 48, 51; *Kiethe*, NZG 1999, 1086, 1089; *Göz*, a.a.O., § 244 Rn. 5; *Habersack/Schürnbrand*, a.a.O., 406; *Hirte*, a.a.O., 576; *Hüffer*, AktG, 8. Aufl., § 244 Rn. 2; *Kocher*, a.a.O., 2 ff.; *Schwab*, a.a.O., § 244 Rn. 11 f.; *Tielmann*, a.a.O., 1765; *Würthwein*, a.a.O., § 244 Rn. 19; a.A. LG Ingolstadt ZIP 1997, 145, 146 f.; *Heidel*, a.a.O., § 244 Rn. 5: maßgeblich ist aktuelle Sach- und Rechtslage, also Aktualisierung erforderlich; zweifelnd *Zöllner*, AG 2004, 397, 404.

7 *Ballerstedt*, ZHR 124 (1962), 233, 235.

den Bestätigungsbeschluss durch die Ausweitung der Freigabeverfahren eingeschränkt.[8]

Meines Erachtens sollte man mit diesen Forderungen vorsichtig sein, denn der Bestätigungsbeschluss kann eine ganz erhebliche Beschleunigung der Eintragung des Übertragungsbeschlusses bewirken und tat dies auch im Wella-Fall.

Die Lösung liegt in der Kombination des Bestätigungsbeschlusses mit dem Freigabeverfahren, welches ich schon erwähnt habe. Die Bedeutung des Bestätigungsbeschlusses wird durch das Freigabeverfahren nämlich keineswegs geschmälert, sondern geradezu im Gegenteil das Rechtsinstitut des Bestätigungsbeschlusses durch die Kombination mit dem Freigabeverfahren gleichsam erst zur Geltung gebracht.

Zwar war das von der Wella AG eingeleitete Freigabeverfahren zum Ausgangsbeschluss schon rechtskräftig verloren, als der Bestätigungsbeschluss gefasst wurde. Freigabeverfahren sind aber Eilverfahren, die „der Gesetzgeber ... ähnlich ausgestaltet (hat) wie das Verfahren auf Erlass einer einstweiligen Verfügung oder eines Arrestes nach §§ 916 ff. ZPO".[9]

Nach einhelliger Auffassung sind Beschlüsse in Eilverfahren allenfalls einer beschränkten materiellen Rechtskraft zugänglich.[10]

Es ist daher allgemein anerkannt, dass auch nach formell rechtskräftiger Ablehnung einer Eilentscheidung eine neue Entscheidung jedenfalls dann beantragt werden kann, wenn der Antrag auf neue Tatsachen gestützt werden kann.[11]

Und eine solche neue Tatsache ist ein zwischenzeitlich gefasster Bestätigungsbeschluss.

Demgemäß – und damit kommen wir wieder zu unserem Jubilar – haben meine Partner *Bodo Riegger* und *Martin Schockenhoff* schon im Jahre 1997 ausgeführt, dass auch Freigabeanträge jedenfalls dann trotz rechtskräftiger Ablehnung eines Freigabeantrags erneut gestellt werden können, wenn neue Tatsachen vorliegen, insbesondere also dann, wenn nach rechtskräftiger Abweisung des ersten Freigabeantrags ein Bestätigungsbeschluss gefasst wird.[12]

Dieser Auffassung haben sich etliche Autoren[13] angeschlossen, und im Wella-Verfahren zwar nicht das LG Frankfurt am Main[14], aber das OLG Frankfurt am Main[15].

Zwar war der Bestätigungsbeschluss im Wella-Verfahren noch nicht bestandskräftig, als das Oberlandesgericht über den zweiten Freigabeantrag entschied, entfal-

8 Vgl. etwa *Zöllner*, AG 2004, 397 ff.

9 BGHZ ZIP 2006, 1151, 1152 f.

10 Vgl. statt aller BGHZ 161, 298, 304; *Vollkommer*, in: Zöller, ZPO, 26. Aufl., vor § 916 Rn. 13 m.w.N.

11 Vgl. statt aller *Vollkommer*, a.a.O., m.w.N.

12 *Riegger/Schockenhoff*, ZIP 1997, 2105, 2110.

13 *Bork*, in: Lutter, UmwG, 3. Aufl., § 16 Rn. 28; *Faßbender*, AG 2006, 872, 881; *Ihrig/Erwin*, BB 2005, 1973, 1978; *Kiem*, in: Hommelhoff/Röhricht, Gesellschaftsrecht 1997, 105, 122; *Rieckers*, BB 2005, 1348, 1351 f.

14 LG Frankfurt am Main ZIP 2007, 2004 ff.

15 OLG Frankfurt am Main BB 2008, 239 ff. mit zust. Anm. *Rieckers*, BB 2008, 241 und 514 ff.

tete also noch nicht die Bestätigungswirkung nach § 244 AktG. Im Rahmen eines Freigabeverfahrens kommt es bei der Prüfung der offensichtlichen Unbegründetheit der Klagen gegen den Ausgangsbeschluss aber auf eine Prognoseentscheidung an. In dieser Prognoseentscheidung kann und muss durch das Gericht daher mit geprüft werden, ob der Bestätigungsbeschluss erfolgreich angefochten werden kann oder nicht. Kann er es – wie im Wella-Fall – nach Auffassung des Gerichts nicht, muss es seine Bestandskraft unterstellen, also auch davon ausgehen, dass die Anfechtung gegen den Ausgangsbeschluss schon deshalb nicht mehr geltend gemacht werden kann[16].

Daher hat es dem Freigabeantrag dann wegen offensichtlicher Unbegründetheit der Anfechtungsklagen stattzugeben, wie es im Falle der Wella AG auch geschehen ist.

So konnte der Übertragungsbeschluss am 12. November 2007 im Handelsregister eingetragen werden, obwohl die Anfechtungsverfahren zum Ausgangsbeschluss und auch die Anfechtungsverfahren zum Bestätigungsbeschluss noch nicht beendet sind.

Gibt es nun – abgesehen von nichtigen Beschlüssen, die nicht bestätigungsfähig sind – Fälle, in denen ein Bestätigungsbeschluss nicht hilft?

Bisweilen wird, auch vom BGH, behauptet, nur formale Mängel seien einer Bestätigung zugänglich, nicht hingegen inhaltliche Mängel[17], ein wegen inhaltlicher Mängel anfechtbarer Beschluss sei also nicht bestätigungsfähig.

Inhaltliche Mängel sind – wie sich schon aus der Bezeichnung ergibt - solche, die dem Inhalt des Beschlusses anhaften, sich also aus dem Beschlussinhalt selbst ergeben. Demgegenüber sind formale Mängel alle anderen Mängel, also insbesondere die Mängel, die bei der Einberufung oder Durchführung der Hauptversammlung und Beschlussfassung passieren. Hätte die Hauptversammlung der Wella AG etwa beschlossen, beim Squeeze-out den ausscheidenden Aktionären statt einer Barabfindung jeweils eine Dose Haarspray zuzuwenden, wäre dies ein inhaltlicher Mangel, denn das Gesetz verlangt ausdrücklich eine Barabfindung (§ 327a AktG). Die angeblich unberechtigte Nichtzulassung eines Aktionärs zur Hauptversammlung hingegen betrifft nicht den Inhalt des Beschlusses, ist also ein bloßer Formfehler.

Auf den ersten Blick scheint es einleuchtend zu sein, dass ein Bestätigungsbeschluss nur Formfehler soll heilen können:

Da der Bestätigungsbeschluss eine reine Geltungserklärung ist, also keinen eigenen Inhalt hat außer der Erklärung, dass der Ausgangsbeschluss trotz möglicher Anfechtungsmängel gelten soll, kann durch den Bestätigungsbeschluss der Inhalt des Ausgangsbeschlusses nicht verändert werden. Haftet dem Ausgangsbeschluss ein inhaltlicher Mangel an, setzt sich dieser Mangel mithin hinsichtlich des Bestäti-

16 vgl. auch OLG Hamburg, Beschluss vom 14. Dezember 2006, Az. 11 W 126/05; *Kocher*, NZG 2006, 1, 6; *Nießen*, Der Konzern 2007, 239, 243; verkannt von *Bozenhardt*, in: FS Mailänder, 2006, 301, 311 ff.

17 BGH ZIP 2006, 227 ff.; *Bozenhardt*, in: FS Mailänder, 2006, S. 301, 305 f.; *Heinrich/Theusinger*, BB 2006, 449, 453; *Hirte/Groß*, EWiR 2004, 575, 576; *Kiethe*, NZG 1999, 1086, 1087 f.; *Ziemons*, BB 2004, 569 f.

gungsbeschlusses fort. Der Bestätigungsbeschluss ist deshalb ebenso erfolgreich anfechtbar wie der Ausgangsbeschluss[18].

Die Frage ist aber, was passiert, wenn der Bestätigungsbeschluss seinerseits nicht angefochten wird:

Ist der inhaltliche Mangel ein Nichtigkeitsgrund, geht der Bestätigungsbeschluss von vornherein ins Leere, weil – wie schon gesagt – nichtige Beschlüsse nicht bestätigungsfähig sind. Bildet der inhaltliche Mangel aber einen bloßen Anfechtungsgrund, ist und bleibt der Bestätigungsbeschluss wirksam, wenn er nicht selbst erfolgreich angefochten wird. Denn der Bestätigungsbeschluss ist zunächst einmal ein Hauptversammlungsbeschluss wie jeder andere auch. Das bedeutet, die bloße Anfechtbarkeit des Bestätigungsbeschlusses ändert an seiner Wirksamkeit nichts, solange er nicht erfolgreich angefochten ist. Deshalb ist es zu kurz gegriffen, wenn inhaltliche Mängel als nicht durch Bestätigungsbeschluss heilbar bezeichnet werden. Dies stimmt vielmehr nur, wenn auch der Bestätigungsbeschluss angefochten wird. Wird der Bestätigungsbeschluss aber bestandskräftig, heilt er auch etwaige inhaltliche Mängel, die dem Ausgangsbeschluss als bloße Anfechtungsgründe anhaften.[19] Bestätigungsfähig ist mithin immerhin jeder Beschluss, der nicht nichtig, sondern allenfalls anfechtbar ist.

Ein Aufsatz von Professor *Zöllner* lautet: „Die Bestätigung von Hauptversammlungsbeschlüssen – ein problematisches Rechtsinstitut.“[20]

Ich möchte es lieber so formulieren: Der Bestätigungsbeschluss – durchaus ein schwieriges, sicherlich aber ein hilfreiches und wirkungsvolles Rechtsinstitut!

Vielen Dank!

Dr. Dirk Wasmann

18 Vgl. *Würthwein*, in: Spindler/Stilz, AktG, § 244 Rn. 17; a.A. *Schilling*, in: Großkomm AktG, 3. Aufl., § 244 Anm. 3: inhaltlicher Mangel dürfe berichtigt werden; a.A. wohl auch *Grobecker/Kuhlmann*, NZG 2007, 1, 3 ff., die offenbar meinen, die Hauptversammlung könne durch Bestätigungsbeschluss auch inhaltliche Mängel für unmaßgeblich erklären.

19 *Godin/Wilhelmi*, AktG, 4. Aufl., § 244 Anm. 2; *Grobecker/Kuhlmann*, NZG 2007, 1, 3 ff.; *Kocher*, NZG 2006 1, 2; *Schwab,* in: Schmidt/Lutter, AktG, § 244 Rn. 3; *Würthwein,* in: Spindler/Stilz, AktG, § 244 Rn. 17. Das hat jetzt auch das OLG Frankfurt am Main entschieden (Urteil vom 22. Juli 2008, Az. 5 U 77/07, S. 27).

20 *Zöllner*, AG 2004, 397 ff.

Dankesworte zum Symposion am 30. September 2008

Dr. Bodo Riegger, Gleiss Lutz

Meine sehr verehrten Damen und Herren,
liebe Partnerinnen, Partner und Freunde!

Ein intellektuell derart anspruchsvoller Nachmittag kann nicht anders als mit einem entsprechenden kulinarischen Genuss enden. Natürlich hat meine Sozietät, die diesen Nachmittag für mich ausgerichtet hat, auch daran gedacht. Bevor ich Sie aber dazu bitten darf, ist es mir ein wirkliches Anliegen, mich in mehrfacher Hinsicht zu bedanken:

Zunächst bei Ihnen, meine verehrten Referenten, für Ihre ideenreichen und hochinteressanten Referate. Sie haben damit diesem Symposion Akzente verliehen, die die juristische Diskussion zu aktuellen Fragen des Aktienrechts deutlich bereichern werden. Wie ich aus eigener Erfahrung weiß, bedeutet ein Referat immer eine zusätzliche Belastung, weil es neben dem Beruf, der ja anstrengend genug ist, erarbeitet werden muss. Dafür, dass Sie diese Mühe auf sich genommen haben, danke ich Ihnen nochmals ganz herzlich!

Lieber Herr von Ditfurth, lieber Herr Schmidt, Ihre Würdigung hat mir natürlich sehr gefallen. Wer wäre nicht empfänglich für Lob und Anerkennung? Gleichwohl macht sie mich doch auch etwas verlegen. Denn wenn ich es recht bedenke, habe ich in meinem Berufsleben nichts anderes getan, als das, was wir alle versuchen, nämlich aus den Möglichkeiten, die in uns stecken, und denen, die die Welt uns bietet, das Beste zu machen. Inwieweit dies gelingt, hängt nur zum Teil von unserem Bemühen ab, zu einem wesentlichen Teil aber vom Zufall. Ich selbst habe großes Glück gehabt mit meinen Partnern, mit meinen Mandanten und mit der Qualität der Mandate, die mir anvertraut wurden.

So empfinde ich auch dieses Symposion als ein außergewöhnliches Glück, über das ich mich auch deshalb ganz besonders freue, weil es von den Partnerinnen und Partnern von mir ersonnen und vorbereitet wurde, die zu Beginn ihrer beruflichen Karriere in unserer Kanzlei sehr eng mit mir zusammengearbeitet haben. Neben den Partnern, die Sie hier vorn erlebt haben, zählen dazu auch Frau Roßkopf und Herr Gayk, die mehr im Hintergrund an der Gestaltung dieses Symposions mitgewirkt haben. Ihnen allen gilt mein besonderer Dank!

Meine sehr verehrten Damen und Herren, indem Sie sich die Zeit genommen haben, heute hierher zu kommen, haben Sie mein Berufsleben in Gestalt von Personen sichtbar werden lassen. Damit haben Sie diesen Nachmittag für mich und meine Sozietät zu einem einmaligen Ereignis gemacht, für das wir Ihnen zu großem Dank verpflichtet sind. Dieser Nachmittag wird sicher in die Annalen unserer Sozietät eingehen.

Last but not least möchte ich einer Dame danken, die Sie alle vom Telefon her kennen, meiner langjährigen Sekretärin Frau Koch. Sie ist die Stütze meines Referats, die auch dann den Überblick nicht verliert, wenn ich ihn gelegentlich zu verlieren drohe. Liebe Frau Koch, ganz herzlichen Dank für Ihre Treue und Zuverlässigkeit!

Schriftenverzeichnis Dr. Bodo Riegger

Monographien

Riegger, Bodo, Die Rechtsfolgen des Ausscheidens eines Gesellschafters aus einer zweigliedrigen Personalgesellschaft, Tübingen 1969.

Riegger, Bodo, Die Nachfolge im Familien-Unternehmen, hrsg. von der Industrie- und Handelskammer Mittlerer Neckar, Stuttgart 1982.

Beiträge in Sammelwerken

Riegger, Bodo, § 24 Unterbeteiligungen, in: Bodo Riegger / Lutz Weipert (Hrsg.), Münchener Handbuch des Gesellschaftsrechts, Band 1 BGB-Gesellschaft, OHG, PartG, EWIV, 1. Auflage, München 1995, S. 531-558.

Riegger, Bodo, § 30 Unterbeteiligungen, in: Hans Gummert / Bodo Riegger / Lutz Weipert (Hrsg.), Münchener Handbuch des Gesellschaftsrechts, Band 1 BGB-Gesellschaft, OHG, PartG, EWIV, 2. Auflage, München 2004, S. 601-630.

Riegger, Bodo, § 7 Der obligatorische Aufsichtsrat der Komplementär-GmbH, § 8 Der fakultative Beirat der Kommanditgesellschaft, in: Bodo Riegger / Lutz Weipert (Hrsg.), Münchener Handbuch des Gesellschaftsrechts, Band 2 Kommanditgesellschaft, Stille Gesellschaft, 1. Auflage, München 1991, S. 197-250.

Riegger, Bodo, § 8 Fakultativer Beirat der Kommanditgesellschaft, § 53 Obligatorischer Aufsichtsrat in der mitbestimmungspflichtigen GmbH & Co. KG, in: Bodo Riegger / Lutz Weipert (Hrsg.), Münchener Handbuch des Gesellschaftsrechts, Band 2 Kommanditgesellschaft, Stille Gesellschaft, 2. Auflage, München 2003, S. 173-216 und S. 1119-1136.

Riegger, Bodo, Formulare III. 1-28 Kommanditgesellschaft, in: Martin Heidenhain / Reinhard von Dalwigk zu Lichtenfels (Hrsg.), Münchener Vertragshandbuch, Band 1 Gesellschaftsrecht, 1. Auflage, München 1982, S. 165-264.

Riegger, Bodo, Formulare III. 1-28 Kommanditgesellschaft, in: Martin Heidenhain / Burkhardt W. Meister (Hrsg.), Münchener Vertragshandbuch, Band 1 Gesellschaftsrecht, 2. Auflage, München 1985, S. 171-291.

Riegger, Bodo, Formulare III. 1-29 Kommanditgesellschaft, in: Martin Heidenhain / Burkhardt W. Meister (Hrsg.), Münchener Vertragshandbuch, Band 1 Gesellschaftsrecht, 3. Auflage, München 1992, S. 189-318.

Riegger, Bodo, Formulare III. 1-29 Kommanditgesellschaft, in: Martin Heidenhain / Burkhardt W. Meister (Hrsg.), Münchener Vertragshandbuch, Band 1 Gesellschaftsrecht, 4. Auflage, München 1996, S. 201-335.

Riegger, Bodo, Formulare III. 1-29 Kommanditgesellschaft, in: Martin Heidenhain / Burkhardt W. Meister (Hrsg.), Münchener Vertragshandbuch, Band 1 Gesellschaftsrecht, 5. Auflage, München 2000, S. 209-348.

Riegger, Bodo / Götze, Cornelius, Formulare III. 1-29 Kommanditgesellschaft, in: Martin Heidenhain / Burkhardt W. Meister / Wolfram Waldner (Hrsg.), Münchener Vertragshandbuch, Band 1 Gesellschaftsrecht, 6. Auflage, München 2005, S. 225-362.

Riegger, Bodo, Einleitung, Anhang zu § 11: Die Unternehmensbewertung, in: Bodo Riegger / Dirk Wasmann (Hrsg.), Kölner Kommentar zum Spruchverfahrensgesetz, 1. Auflage, Köln 2005, S. 10-35 und S. 296-331.

Götze, Cornelius / Riegger, Bodo, Zuwendungen an Dritte: soziale Aktivitäten, „nützliche Anwendungen“, Zahlungen an opponierende Aktionäre, in: Gerd Krüger / Uwe H. Schneider (Hrsg.), Handbuch Managerhaftung, Köln 2007, S. 657-697.

Aufsätze

Riegger, Bodo, Das Auseinandersetzungsguthaben in einer Personalgesellschaft als Kreditsicherung, in: Der Betriebs-Berater (BB), Heft 3, 27. Jahrgang 1972, S. 115-117.

Riegger, Bodo, Der Stichentscheid im zweigliedrigen Vorstand einer Aktiengesellschaft, in: Der Betriebs-Berater (BB), Heft 14, 27. Jahrgang 1972, S. 592.

Riegger, Bodo: Zur Haftung des Kommanditisten vor der Eintragung ins Handelsregister, in: Betriebs-Berater (BB), Heft 27, 34. Jahrgang 1979, S. 1380-1382.

Riegger, Bodo, Die schriftliche Stimmabgabe, in: Betriebs-Berater (BB), Heft 3, 35. Jahrgang 1980, S. 130-133.

Riegger, Bodo, Unterliegt die Komplementär-GmbH dem gesetzlichen Wettbewerbsverbot?, in: Betriebs-Berater (BB), Heft 2, 38. Jahrgang 1983, S. 90-91.

Riegger, Bodo, Die Veräußerung der Firma durch den Konkursverwalter, in: Betriebs-Berater (BB), Heft 13, 38 Jahrgang 1983, S. 786-788.

Riegger, Bodo, Geschäftsführervergütung und persönliche Haftung des Kommanditisten, in: Der Betrieb (DB), Heft 36, 36. Jahrgang 1983, S. 1909-1911.

Riegger, Bodo, Der Doktor-Titel in der Firma der GmbH, in: Der Betrieb (DB), Heft 8, 37. Jahrgang 1984, S. 441-444.

Riegger, Bodo, Zum Widerruf der Bestellung in mitbestimmten Unternehmen, in: Neue Juristische Wochenschrift (NJW), Heft 47, 41. Jahrgang 1988, S. 2991.

Riegger, Bodo / Kramer, Andreas, Sind Ausgleichszahlungen an außenstehende Aktionäre wegen der Senkung der Körperschaftsteuerausschüttungsbelastung zu erhöhen?, in: Der Betrieb (DB), Heft 11, 47. Jahrgang 1994, S. 565-567.

Riegger, Bodo / Mutter, Stefan, Wann muss der Vorstand einer beherrschten AG den Beherrschungsvertrag kündigen?, in: Der Betrieb (DB), Heft 32, 50. Jahrgang 1997, S. 1603-1606.

Riegger, Bodo / Schockenhoff, Martin, Das Unbedenklichkeitsverfahren zur Eintragung der Umwandlung ins Handelsregister, in: Zeitschrift für Wirtschaftsrecht (ZIP), Heft 49, 18. Jahrgang 1997, S. 2105-2113.

Riegger, Bodo / Mutter, Stefan, Zum Einsatz neuer Kommunikationsmedien in Hauptversammlungen von Aktiengesellschaft, in: Zeitschrift für Wirtschaftsrecht (ZIP), Heft 15, 19. Jahrgang 1998, S. 637-640.

Riegger, Bodo, Zum Schicksal von Beteiligungen an Drittgesellschaften bei Verschmelzungen, in: Harm Peter Westermann / Klaus Mock (Hrsg.), Festschrift für Gerold Bezzenberger zum 70. Geburtstag am 13. März 2000 – Rechtsanwalt und Notar im Wirtschaftsleben, 2000, S. 379-391.

Riegger, Bodo, Die Begrenzung der Finanzierungsfolgenverantwortung in § 32a Abs. 3 Satz 2 GmbHG, in: Peter Hommelhoff / Rolf Schmidt-Diemitz / Axel Sigle (Hrsg.), Familiengesellschaften – Festschrift für Walter Sigle zum 70. Geburtstag, 2000, S. 229-248.

Riegger, Bodo, Hauptversammlung und Internet, in: Zeitschrift für das gesamte Handelsrecht und Wirtschaftsrecht (ZHR), Band 165, 2001, S. 204-218.

Riegger, Bodo, Das Schicksal eigener Aktien beim Squeeze-out, in: Der Betrieb (DB), Heft 10, 56. Jahrgang 2003, S. 541-544.

Riegger, Bodo, Centros – Überseering – Inspire Art: Folgen für die Praxis, in: Zeitschrift für Unternehmens- und Gesellschaftsrecht (ZGR), Heft 3-4, 33. Jahrgang 2004, S. 510-530.

Riegger, Bodo, Aktuelle Fragen des gesellschaftsrechtlichen Freigabeverfahrens, in: Ingo Brinker / Dieter H. Scheuing / Kurt Stockmann (Hrsg.), Recht und Wettbewerb – Festschrift für Rainer Bechtold zum 65. Geburtstag, 2006, S. 375-391.

Riegger, Bodo / Rieg, Jürgen, Änderungen bei den Veröffentlichungspflichten nach Abschluss eines Spruchverfahrens durch das TUG, in: Zeitschrift für Wirtschaftsrecht (ZIP), Heft 24, 28. Jahrgang 2007, S. 1148-1151.

Riegger, Bodo, Die Bedeutung des Ausgleichsanspruchs in einem Unternehmensvertrag für die im Rahmen einer nachfolgenden Strukturmaßnahme zu gewährende Kompensation, in: Peter Hommelhoff / Peter Rawert / Karsten Schmidt (Hrsg.), Festschrift für Hans-Joachim Priester zum 70. Geburtstag, 2007, S. 661-677.

Riegger, Bodo, Zweifelsfragen zum Dividendenverlust nach § 28 WpHG, in: Lutz Aderhold / Barbara Grunewald / Dietgard Klingberg / Walter G. Paefgen (Hrsg.), Festschrift für Harm Peter Westermann zum 70. Geburtstag, 2008, S. 1331-1344.

Riegger, Bodo, Kapitalgesellschaftsrechtliche Grenzen der Finanzierung von Unternehmensübernahmen durch Finanzinvestoren, in: Zeitschrift für Unternehmens- und Gesellschaftsrecht (ZGR), Heft 2-3, 37. Jahrgang, 2008, S. 233-249.

Urteilsanmerkungen und Kommentare

Riegger, Bodo, Kurzkommentar zum Urteil des OLG Karlsruhe vom 19.2.1986 – 6 U 111/85, in: Entscheidungen zum Wirtschaftsrecht (EWiR), Heft 7, 2. Jahrgang 1986, S. 701-702.

Riegger, Bodo, Kurzkommentar zum Urteil des BGH vom 25.9.1986 – II ZR 262/86, in: Entscheidungen zum Wirtschaftsrecht (EWiR), Heft 11, 2. Jahrgang 1986, S. 1107-1108.

Riegger, Bodo, Kurzkommentar zum Urteil des BGH vom 27.10.1986 – II ZR 240/85, in: Entscheidungen zum Wirtschaftsrecht (EWiR), Heft 1, 3. Jahrgang 1987, S. 53-54.

Riegger, Bodo, Kurzkommentar zum Urteil des LG Frankfurt vom 15.2.1989 – 3/8 O 134/88, in: Entscheidungen zum Wirtschaftsrecht (EWiR), Heft 1, 5. Jahrgang 1989, S. 943-944.

Riegger, Bodo, Kurzkommentar zum Urteil des BGH vom 25.3.1991 – II ZR 169/90, in: Entscheidungen zum Wirtschaftsrecht (EWiR), Heft 6, 7. Jahrgang 1991, S. 583-584.

Riegger, Bodo / Mutter, Stefan, Kurzkommentar zum Urteil des OLG Karlsruhe vom 30.12.1997 – 19 U 205/96, in: Entscheidungen zum Wirtschaftsrecht (EWiR), Heft 16, 14. Jahrgang 1998, S. 751-752.

Riegger, Bodo, BB-Kommentar, Ausschlußfrist bei außerordentlicher Kündigung eines GmbH-Geschäftsführers, BGH, Urteil vom 15.6.1998 – II ZR 318/96, in: Betriebs-Berater (BB), Heft 36, 53. Jahrgang 1998, S. 1810.

Riegger, Bodo, Der Börsenkurs als Untergrenze der Abfindung? – Anmerkungen zum Beschluß des Bundesverfassungsgerichts vom 27.4.1999 –, in: Der Betrieb (DB), Heft 37, 52. Jahrgang 1999, S. 1889-1891.

Riegger, Bodo / Beinert, Stefanie, BB-Kommentar, GmbH-Konzern: Entstehen, Fälligkeit und Höhe des Anspruchs auf Verlustausgleich, BGH, Urteil vom 11.10.1999 – II ZR 120/98, in: Betriebs-Berater (BB), Heft 49, 54. Jahrgang 1999, S. 2525.

Riegger, Bodo / Roßkopf Gabriele, Die Anrechnung erhaltener Ausgleichszahlungen auf Abfindung und Zinsen beim Unternehmensvertrag – Anmerkung zum Urteil des BGH vom 16.9.2002 („Rütgers AG"), in: Betriebs-Berater (BB), Heft 20, 58. Jahrgang 2003, S. 1026-1029.

Sonstiges

Riegger, Bodo, Rezension zu Lutter (Hrsg.), Umwandlungsgesetz, Köln 1996, in: Zeitschrift für das gesamte Handelsrecht und Wirtschaftsrecht (ZHR), Band 162, 1998, S. 637-639.

Riegger, Bodo, Stock Options – Aktienrechtliche Rahmenbedingungen in Deutschland, 24.03.1999, www.compuserve.de/recht/ressort1/inhalt12.html

Herausgeber

Riegger, Bodo / Weipert, Lutz (Hrsg.), Münchener Handbuch des Gesellschaftsrechts, Band 1 BGB-Gesellschaft, OHG, PartG, EWIV, 1. Auflage, München 1995.

Gummert, Hans / Riegger, Bodo / Weipert Lutz (Hrsg.), Münchener Handbuch des Gesellschaftsrechts, Band 1 BGB-Gesellschaft, OHG, PartG, EWIV, 2. Auflage, München 2004.

Riegger, Bodo / Weipert, Lutz (Hrsg.), Münchener Handbuch des Gesellschaftsrechts, Band 2 Kommanditgesellschaft, Stille Gesellschaft, 1. Auflage, München 1991.

Riegger, Bodo / Weipert, Lutz (Hrsg.), Münchener Handbuch des Gesellschaftsrechts, Band 2 Kommanditgesellschaft, Stille Gesellschaft, 2. Auflage, München 2003.

Riegger, Bodo / Schmidt, Karsten (Hrsg), Gesellschaftsrecht 1999 – Tagungsband zum RWS-Forum am 13. und 14. September 1999 in Berlin, Köln 2000.

Riegger, Bodo / Wasmann, Dirk (Hrsg.), Kölner Kommentar zum Spruchverfahrensgesetz, 1. Auflage, Köln 2005.

Zeitfracht Medien GmbH
Ferdinand-Jühlke-Straße 7
99095 Erfurt, Deutschland
produktsicherheit@kolibri360.de